本书由校级双一流建设科研项目（2019YLXKCB005）资助出版

制度设计与政治文化

基于土耳其 2002—2014 年的案例

李智育／著

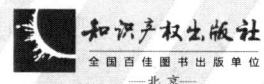
全国百佳图书出版单位
——北京——

图书在版编目（CIP）数据

制度设计与政治文化：基于土耳其 2002—2014 年的案例 / 李智育著 . — 北京：知识产权出版社，2020.4

ISBN 978-7-5130-6769-0

Ⅰ. ①制… Ⅱ. ①李… Ⅲ. ①政治制度—研究—土耳其 Ⅳ. ①D737.421

中国版本图书馆 CIP 数据核字（2020）第 022946 号

内容提要

本书对土耳其 2002—2014 年政治社会的发展进行了深入的研究，探讨了正发党的执政背景、制度设计、政治文化的演变等内容，为国别研究提供了一个很好的案例，对促进学界有关土耳其政治、历史、文化与社会等方面的研究具有一定的理论及现实意义。

责任编辑：高　源　　　　　　　　　责任印制：孙婷婷

制度设计与政治文化
基于土耳其 2002—2014 年的案例
ZHIDU SHEJI YU ZHENGZHI WENHUA
JIYU TUERQI 2002—2014 NIAN DE ANLI

李智育　著

出版发行	知识产权出版社有限责任公司	网　址	http://www.ipph.cn
电　话	010-82004826		http://www.laichushu.com
社　址	北京市海淀区气象路 50 号院	邮　编	100081
责编电话	010-82000860 转 8701	责编邮箱	laichushu@cnipr.com
发行电话	010-82000860 转 8101	发行传真	010-82000893
印　刷	北京中献拓方科技发展有限公司	经　销	各大网上书店、新华书店及相关专业书店
开　本	720mm×1000mm　1/16	印　张	13
版　次	2020 年 4 月第 1 版	印　次	2020 年 4 月第 1 次印刷
字　数	200 千字	定　价	68.00 元

ISBN 978-7-5130-6769-0

出版权专有　侵权必究
如有印装质量问题，本社负责调换。

序

第二次世界大战以后,伴随着加拿大外交界和学界提出"中等强国"的概念,一种新型力量逐渐走进人们的视野。20世纪60年代后,对中等强国理论的研究不再局限于加拿大,而是逐渐呈现国际化趋势,从而为国际政治和国际关系研究打开了新的研究视野。我国学者对中等强国的关注和研究始于20世纪初,近年来有了较快的发展。

迄今,学界对中等强国的概念并未达成共识。尽管如此,综合学界对中等国家概念的定义不难发现,衡量一个国家是否符合中等强国的条件,主要依据的是该国的综合国力、地缘位置和外交行为方式。根据著名的克莱因方程,综合国力通常包括国土面积、人口、经济实力、军事力量为代表的硬件要素,以及国家意志和战略能力为代表的软件要素。一般来说,上述几个方面的数据居于大国和小国之间的为中等强国;另外,中等强国的地理位置往往至关重要,多为陆地或海上交通枢纽国家。在外交上,由于国力弱于大国,为制衡大国主导的机制,拓展自身的国际空间,中等强国在外交上往往寻求多边主义。

李智育博士的这本书探讨的正是这样的中等国家——土耳其。本书主要聚焦于土耳其的政治与社会,对于我们深度了解和理解土耳其提供了新的视角和丰富的资讯。土耳其的国土面积约78万平方千米,世界排名第37位;总人口8200万,世界排名第19位。土耳其为世界第19大经济体,军事力量排名世界第9位。❶从综合国力来看，土耳其具备了中等国家的特质。另外，土耳其横跨欧亚大陆，地理位置极具战略意义。虽然18世纪后奥斯曼帝国日渐衰落，并于第一次世界大战后最终解体，但新生的土耳其共和国仍然以其独特的地理位置和综合实力而保持了其战略支点国家的地位，也因此被美国前总统国家安全事务顾问、著名地缘战略学家兹比格涅夫·卡济米尔兹·布热津斯基（Zbigniew Kazimierz Brzezinski）称作重要的地缘战略支轴国家。

土耳其现执政党正义与发展党（简称"正发党"）自2002年年底开始，先后经历6次大选，连任至今。在其领导下，土耳其的经济得到较快发展，2002—2014年土耳其年均经济增长率4.9%，2014年人均国民收入达到10404美元。❷也正是这一时期，土耳其开始推行"零问题外交"，这一被西方解读为"新奥斯曼主义"的政策走向表明，土耳其不甘居人下做战略棋子，而是想主动出击，再度转变为战略棋手。此后，正发党领导的土耳其更加积极地参与地区事务，土耳其还多次表示希望成为联合国安理会常任理事国。2013年9月，作为G20成员的韩国、土耳其、墨西哥、印度尼西亚、澳大利亚五国外长在联大会议期间举行会晤，宣布成立中等强国合作体（MIKTA）。这在某种程度上标志着土耳其明确了对自身作为

---

❶ 参见 14 Göstergeyle Dünyada Türkiye [EB/OL]. (2019-09-2) [2019-11-22]. https://onedio.com/haber/14-gostergeyle-dunyada-turkiye-371808；Dünya Nüfus Sıralaması (2019) [EB/OL]. (2019-08-22) [2019-11-22]. https://egezegen.com/yasam/dunya-nufus-siralamasi；Dünyanın En Büyük Ekonomileri Stralaması (2019) [EB/OL]. (2019-09-19) [2019-11-22]. https://egezegen.com/ekonomi/dunyanin-en-buyuk-ekonomileri-siralamasi；2019 Dünya Askeri Güç Sıralaması Yayınlandı! En Güçlü Ordu Hangi Ülkede? Türkiye Sıralamada Kaçıncı Sırada?[EB/OL]. (2019-08-01) [2019-11-22]. https://www.ahaber.com.tr/galeri/dunya/2019-dunya-askeri-guc-siralamasi-yayinlandi-en-guclu-ordu-hangi-ulkede-turkiye-siralamada-kacinci-sirada/44.

❷ 参见 Onur Sungur. 2000 Sonrası Türkiye Ekonomisi: Büyüme, Enflasyon, İşsizlik, Borçlanma Ve Dış Ticarette Gelişmeler, 2015(19-20) [EB/OL]. [2019-11-22]. http://www.toplumvedemokrasi.org.tr/index.php/tdd/article/view/191/301.

中等强国的国际定位。与此同时，土耳其积极参与国际或区域多边组织事务，成为北约、欧洲安全与合作组织、核供应国集团、伊斯兰会议组织、黑海国家经济合作组织、地中海联盟、经合组织、世贸组织、世界银行、伊斯兰发展银行等重要国际组织的成员。2013年和2017年，土耳其先后成为上海合作组织和东南亚国家联盟的对话伙伴国。土耳其在外交领域的表现，也印证了中等强国往往采取多边主义主张的观点。

本书是在作者博士论文的基础上修改而成的，因成文时间较早，未能涵盖土耳其作为一个中等强国最新的社会、政治变化和面临的新挑战。事实上，2015年以来，土耳其国内政坛跌宕起伏，不仅经历了数次大选和未遂军事政变，其安全环境也一度恶化，经济形势更是不容乐观。2015年6月，土耳其举行议会选举，结果出人意料，正发党的得票率大幅下降，未能得到足以单独组阁的票数，而后续组建联合政府的谈判也未能在规定期限内取得成果，埃尔多安总统遂宣布于2015年11月再次进行议会选举。6月的议会选举之后，土耳其最重大的变化是恐怖主义活动增多。紧张的安全局势及联合组阁谈判的失败使选民意识到成立并维持联合政府困难重重，他们开始重新审视自己支持的政党。11月大选期间，正发党吸取了教训，全面调整竞选策略，赢得大选并再度单独组阁。

2017年4月17日，土耳其就是否改变政体进行修宪公投，结果支持票过半，修宪成功。土耳其议会制改为总统制；取消总理职位，总统既是政府首脑也是国家首脑；总统有权出台总统令，有权宣布紧急状态；总统不再保持中立。此次修宪公投改变了土耳其的政治体制，是2015年以来土耳其政治最大的变化。2018年6月24日，土耳其同时举行总统和议会选举，埃尔多安连任总统之职。在议会选举中，正发党获胜，再度单独组阁。

作为地缘战略支轴国家、中等强国和地区大国，土耳其的国内政治、社会和文化能够对其周边国家和地区产生重大影响，甚至进而影响到大国间的博弈和互动。对于这样一个具有典型意义的中等强国的研究，无论是从内政还是从外交的视角，都具有重要的理论和现实意义。国内外学界不乏有关土耳其的研究，特别是关于土耳其民主化、现代化进程、政党政治、选举政治和世俗化等问题的研究，但主要针对的是正发党政府上台前的几十年时间，对于正发党执政时期尚缺乏系统研究。本书的研究对象是正发党执政期间的土耳其，相对于前人的研究来说是十分有益的补充。同时，本书在研究路径上也有所创新：借助于结构分析路径，清晰地梳理了正发党上台前的执政背景条件；借助于行为者分析路径，将制度、行为者与文化三个层面的因素串联到一起。另外，本书综合运用多种研究方法对土耳其的宪政体制、选举制度、政党制度、政治文化等进行了全面的分析，这些都为中等强国的研究提供了独特的内容和经验。

本书作者李智育博士为北京外国语大学土耳其语教研室的副教授，具有得天独厚的语言优势。其研究不仅具有深厚的理论功底，还有扎实的一手文献资料支撑。此外，她曾在我国驻土耳其使馆工作多年，具有丰富的一线工作经历，亲眼见证了土耳其最近几年的发展。从开始读博到现在，整整十年过去了，难能可贵的是她能不忘初心，克服种种困难，使其十年心血最终作为北京外国语大学校级双一流建设科研项目成果付梓，可谓是土耳其研究领域的喜事和幸事。更令人欣慰的是，其观点经受住了时间的考验，有助于读者认识和了解作为中等强国的土耳其丰富多彩的政治与社会文化。作为中青年学术骨干，这只是她学术研究的开端，希望她继续努力，把相关研究工作坚持下去，为我国土耳其研究事业做出更大的贡献。

北京外国语大学国际关系学院教授　李永辉
2019 年 12 月于北京外国语大学

目 录

1　第一章　正发党的执政背景
　　第一节　经济、社会与文化背景　　3
　　第二节　制度背景　　20
　　第三节　国际背景　　31

47　第二章　正发党的制度设计
　　第一节　法律修订　　49
　　第二节　政府体制　　62
　　第三节　选举制度与政党制度　　73

99　第三章　主要政治行为体透视
　　第一节　执政党　　101
　　第二节　商业协会　　111
　　第三节　"居兰运动"　　125

135　第四章　政治文化的演变
　　第一节　中心与边缘的重构　　138
　　第二节　文官主导地位的确立　　149
　　第三节　执政精英的胜出　　163

176 附　录

附录1　土耳其共和国历任总统表　　　　　　　　　176

附录2　土耳其选举制度对政府数量、政府类型和
　　　　政府平均任期的影响（1950—2004年）　178

附录3　土耳其共和国历任总理表　　　　　　　　　179

附录4　土耳其历届议会表　　　　　　　　　　　　184

附录5　土耳其大国民议会议席分配表　　　　　　　186

附录6　土耳其共和国主要政党名称及其
　　　　缩略词对照表　　　　　　　　　　　　　　187

参考文献　　　　　　　　　　　　　　　　　　188
后　记　　　　　　　　　　　　　　　　　　　199

第一章

正发党的执政背景

第一章　正发党的执政背景

从20世纪90年代开始，土耳其经历了多次严重的经济危机，政局不稳，民众不满。21世纪初的两次经济危机最终导致土耳其提前举行议会选举。由于选民对老政党失去信任，作为新面孔出现的正义与发展党（以下简称"正发党"）作出了改革承诺，因此尽管刚刚成立一年多，正发党仍赢得了2002年大选并且单独组阁执政。

从时间轴上看，本书着重研究的是正发党执政的前三个任期，关注的是正发党执政后采取的制度设计及土耳其政治文化方面的变化。为此，我们需要了解正发党上台前土耳其所处的经济、社会与文化环境，以及影响土耳其政治、经济的国际因素。本章将着重研究这些方面。

第一节　经济、社会与文化背景

一、经济自由化改革与经济危机

土耳其的经济体制一直在国家主义与自由主义之间变化。1923年，土耳其共和国成立后不久便开始尝试自由主义经济政策，但是之后由于全球经济大萧条，不得不放弃了经济自由化的努力，回归贸易保护主义政策。为保障基本供应、加速工业化进程，土耳其政府创建了国企。20世纪60年代，土耳其开始实施计划经济，采用进口替代政策以确保经济的独立性。但是，进口替代政策动用了诸多经济政策工具，如实施许可证制度、配额、关税等,极大地限制了贸易的发展。1974年,全球石油价格不断上涨,工业化国家通胀率持续攀升,土耳其的贸易状况亦急剧恶化。由于政府没有及时采取应对措施,继续实行进口替代政策,因此导致国家金融风险加剧。1977年年末,为改善恶劣的经济环境、维持收支平衡,土耳其政府求助于国际货币基金组织和外国信用机构,同时出台了一个稳定计划,不过此举仍不足以消除经济危机的不良影响。1979年年底,土耳其经历了一次十分严重的外汇危机,到了无力进口原油等重要基本物资的程度,国内通胀加速、失业率攀升。❶面对历史上最严重的经济危机,土耳其政府终于认识到改变土耳其经济结构的必要性。

20世纪80年代,土耳其经历了新自由主义经济改革。1980年1月24日,土耳其政府推出稳定与自由化一揽子方案,标志着土耳其从国家主导的保护型经济模式转变为新自由主义市场导向模式。方案具体措施包括进出口贸易自由化、鼓励出口导向的工业化、逐渐放松外汇限制等,其主要目标是实现低通胀率和低失业率、吸引外国直接投资及实现高增长和收支平衡。❷

土耳其新自由主义经济改革最突出的特点是,政府依据市场规律利用经济工具进行改革。改革的具体措施包括:其一,利用汇率工具刺激出口。"1·24"一揽子方案❸实施以后,政府开始通过汇率变化调控国内需求,减少价格压力,从而打破了因顾及政治敏感性而不愿变动汇率的惯例。1981年5月,中央银行开始实施每日汇率调整措施,土耳其里拉逐渐贬值,刺激了出口,遏制了进口。其二,尝试利率自由化。20世纪70年代,土耳其的利率只被允许温和增长。不过随着通胀的不断加

---

❶ Rüştü Saracoğlu. Liberalizaiton of the Economy [M]//Metin Heper, Ahmet Evin. Politics in the Third Turkish Republic. Corolado: Westview Press, 1994: 63–75.

❷ Tevfik F Nas. Problems and Prospects: A Commentary [M]//Tevfik F. Nas, Mehmet Odekon. Liberalization and the Turkish Economy. Connecticut: Greenwood Press, 1988: 185.

❸ "1·24"一揽子方案,即1980年1月24日土耳其政府推出的稳定与自由化一揽子方案。

速，实际利率变为负值。1980年7月，政府开始放开利率，大量资金涌入金融领域。务实的利率政策加上务实的汇率政策，逆转了资本外流现象。其三，实施自由定价。为确保经济稳定增长，政府进行了配套的价格改革，取缔了价格调控局，允许自由定价。这些措施改善了国企的金融生态环境，使它们实现了长久以来的首次盈利。其四，实行进出口贸易自由化改革。为鼓励出口，土耳其于1981年对工业品出口商实施额外奖励及退税政策，同时为了减少对进口的限制，政府取消了全球配额，将原本被限制的商品转移到自由化清单上。1984年，政府降低了关税及其他税种税率。尽管进口自由化导致进口商品增多，但更加自由的贸易体系为土耳其赢得了经济利益。[1] 其五，开启私有化进程。"1·24"一揽子方案中包括了一系列私有化措施，但因时机不成熟未付诸实施。1983年，祖国党提议国企应在一定期限内全部私有化，遭到反对党一致反对。反对派认为，外国资本最有可能成为买家，此举将导致国家重要经济领域处于外国控制之下。尽管遭到反对，第一批大规模私有化项目仍在1988年2月实施。不过，这场私有化行动饱受诟病。批评者指出，私有化后公司的管理并未改变，出售股份的做法也并未实现真正意义上的私有化。[2]

总的来说，土耳其20世纪80年代的经济改革是成功的。从1981年起，土耳其经济开始良性复苏，出口也有出色表现。在20世纪70年代末的债务危机前，货物和非要素服务出口仅占国民生产总值的6.2%。1985年，货物和非要素服务在土耳其国民生产总值中所占比重上升到21.5%。债务危机后，资本流入多于流出。此外，20世纪80年代初开始实施价格稳定政策和积极的汇率政策后，里拉大幅贬值，极大提升了出口额。在上述因

---

[1] Rüştü Saracoğlu. Liberalizaiton of the Economy [M]//Metin Heper, Ahmet Evin. Politics in the Third Turkish Republic. Corolado: Westview Press, 1994: 63–75.

[2] Selim Ilkin. Privatization of the State Economic Enterprises [M]//Metin Heper, Ahmet Evin. Politics in the Third Turkish Republic. Corolado: Westview Press, 1994: 77–85.

素的共同作用下，土耳其实现了高经济增长率，1986年几乎达到了8%。❶

美国土耳其裔经济学家丹尼·罗德里克（Dani Rodrik）教授认为，20世纪80年代土耳其经济相对成功有三大原因：一是多边贷款机构——世界银行和国际货币基金组织鼓励市场导向的改革，尤其支持土耳其实行更加务实的汇率政策、贸易自由化、提高国内利率及国企管理的合理化。二是该时期国内政治的影响及对工人权利的压制。三是偶然的环境因素，如伊朗巴列维王朝的衰落、两伊战争期间土耳其商品大量出口伊朗和伊拉克等。❷

多边贷款机构对土耳其经济改革的支持是一把"双刃剑"，它既是此轮经济自由化改革得以成功的关键支撑，又为改革红利的不断消失埋下了伏笔。国际货币基金组织、世界银行和经济合作与发展组织等参与了土耳其20世纪80年代早期的改革，之后它们的作用慢慢减弱，问题也逐渐显现。由于外债和贸易逆差增加，土耳其经济从20世纪80年代末开始陷入停滞：经济对短期资本流入过度依赖，结构性调整导致公共部门规模的缩小及社会保障体系和劳工法的调整；处于社会底层的民众在经济上被边缘化，财富不平等现象加剧；在结构性调整的第一阶段，即1981—1988年，劳动者实际工资逐年下降，因为劳动者被排斥在工资谈判过程之外。1989年8月，土耳其决定全面开放资本账户，这意味着经济完全暴露在国际金融资本面前。土耳其的宏观经济从本质上来说是不稳定的，巨额财政赤字和长期高通胀率是其主要特点，其金融体系也相对不规范。❸ 从1991年开始，新自由主义政策的主导性削弱，土耳其进入经济停滞、政治不稳

---

❶ Dani Rodrik. External Debt and Economic Performance in Turkey [M]// Tevfik F. Nas, Mehmet Odekon. Liberalization and the Turkish Economy. Connecticut: Greenwood Press, 1988: 167–175.

❷ Dani Rodrik. External Debt and Economic Performance in Turkey [M]// Tevfik F. Nas, Mehmet Odekon eds. Liberalization and the Turkish Economy. Connecticut: Greenwood Press, 1988: 161–162.

❸ Ziya Öniş, Caner Bakir. Turkey's Political Economy in the Age of Financial Globalization: The Significance of the EU Anchor [J]. South European Society & Politics, 2007, 12(2): 147–164.

定的时期。❶

进入20世纪90年代，土耳其连续出现脆弱的联合政府，他们对改革的态度不像20世纪80年代吐尔古特·厄扎尔总理（Turgut Özal）当政时那样坚定。各政党的主要目标是将其掌握的资源分配给他们的客户，而不是制定协调一致的社会经济政策。这一时期，文官机构政治化，缺少执行财政纪律、实现经济可持续增长所需要的职业官僚。另外，东南部针对库尔德工人党的反恐行动不仅消耗巨大，同时还导致外资流入减少。土耳其学者齐亚·厄尼什和扎内尔·巴基尔（Ziya Öniş & Caner Bakir）认为，上述因素构成了土耳其20世纪90年代的"民主赤字"，这对经济产生了很大的溢出效应，导致经济结构中出现了无孔不入的寻租和腐败现象。❷

20世纪90年代，土耳其开始第二轮新自由主义经济改革，这轮改革是在三次经济危机中艰难进行的，也可以说是经济危机倒逼改革。1994年，土耳其经历了新自由主义改革实施以来的第一次经济危机，经济严重倒退。国际货币基金组织实施了临时干预，欧盟也通过关税同盟进行了轻度干预，但效果不彰。20世纪90年代末，长期的财政赤字和高通胀率使人们意识到土耳其的经济增长不具备可持续性。虽然国际货币基金组织和欧盟对土耳其经济发展的影响越来越大，但其作用并非立竿见影。1999年大选后，民主左翼党、民族行动党和祖国党组建了联合政府，致力于深化新自由主义改革，并于同年12月与国际货币基金组织签署了一份备忘录，将经济置于其监督之下。为了给经济注入新的动力，土耳其实行了一系列财政调整措施和中期结构性改革。尽管如此，2000年11月和2001年2月，因外资突然撤离，土耳其接连发生两次严重的经济危机。由于危机是经济处于国际货币基金组织监督期间发生的，因此人们普遍对该组织提出批评，认

---

❶ Faruk Ataay. Neoliberalizm Ve Muhafazakar Demokrasi: 2000'li Yıllarda Türkiye'de Siyasal Değişimin Dinamikleri [M]. Ankara: De K' Basım Yayım, 2008: 74–75.

❷ Ziya Öniş, Caner Bakir. Turkey's Political Economy in the Age of Financial Globalization: The Significance of the EU Anchor [J]. South European Society & Politics, 2007, 12（2）: 147–164.

为其方案对金融领域的问题重视不够，提供的财政援助也不足。❶另外，也有人批评政府的改革措施不力。为了保证改革的成功，总理布兰特·埃杰维特（Bülent Ecevit）请世界银行副行长、土耳其经济学家凯马尔·戴尔维什（Kemal Derviş）担任经济改革的总设计师。戴尔维什一方面协调土耳其政府与国际货币基金组织和世界银行的关系；另一方面推出了综合性改革措施，改革取得了成效。2001年年底，土耳其金融体系和经济开始复苏。

总体来说，整个20世纪90年代及21世纪初，土耳其经济表现不佳，经济增长严重依赖短期资本流入，呈现脆弱的负债式增长。❷十年内发生的三次经济危机，对政治和社会产生了深刻影响。

首先，经济危机导致联合政府频繁更迭。1991—2002年，土耳其共经历了10届联合政府。不稳定的政局对经济造成了毁灭性的打击。2001年经济危机中，土耳其里拉贬值近50%，物价大幅攀升，通货膨胀率从39%上升到68%，经济增长率则从2000年的6%下降到-7.4%，呈现自由落体式下滑。本就腐败的金融体系最终崩溃，导致总理梅苏特·耶尔马兹（Mesut Yılmaz）下台。❸

其次，经济危机不仅导致经济严重紧缩，还引发了广泛的破产和失业潮，对中小资本也造成很大损害。劳动阶层的不满情绪日趋强烈，资本内部的冲突也愈发激烈。有关"公共资源转移给谁""哪些人将得救"的问题，资本内部展开了激烈的斗争。

再次，经济危机导致土耳其联合政府改变立场，从反对改革变为支持

---

❶ Ziya Öniş, Caner Bakir. Turkey's Political Economy in the Age of Financial Globalization: The Significance of the EU Anchor [J]. South European Society & Politics，2007，12（2）：147-164.

❷ Ziya Öniş, Caner Bakir. Turkey's Political Economy in the Age of Financial Globalization: The Significance of the EU Anchor [J]. South European Society & Politics，2007，12（2）：147-164.

❸ Zeyno Baran. Torn Country: Turkey Between Secularism and Islamism [M]. Stanford: Hoover Institution Press，2010：49.

改革。厄尼什认为，2001年2月的经济危机导致政治和经济权力平衡被打破。原本联合政府中的民主左翼党和民族行动党都不支持国际货币基金组织主导的改革计划，因为部分改革有损两党贫困阶层选民的利益。但是，危机爆发后两党不得不改变立场。另外，美国也决心帮助自己在中东的重要盟友土耳其，为此在国际货币基金组织积极动员，促使该组织同意加大财政援助以帮助土耳其经济复苏。❶

最后，经济危机使得人们向往全新的领导人。社会各阶层通过不断的"寻找"表达不满。老政党失去群众基础，举棋不定的无党派选民明显增多，每次选举出现的重大选票波动表明人们对政策和政党的信心降到了最低。联合执政的政党找不到能够取代国际货币基金组织和世界银行所主张的新自由主义政策的替代方案，拿不出能够巩固选票的经济和社会政策。❷选民的"寻找"心理为正发党提供了机遇。正发党领导人居尔和埃尔多安在公开演讲中反复强调实施经济改革和发展及引领土耳其加入欧盟的决心，以致很多世俗主义者转而支持正发党，认为其将继续戴尔维什的改革，保持经济稳定。❸2002年的提前选举就是在这样混乱的背景下进行的，人们参加选举时普遍对现状不满，渴望变革。❹

可以说，正发党在2002年11月的大选中之所以能够得到远高于其他政党的选票（正发党的得票率为34%），经济危机导致的上述政治影响发挥了很大作用。由于选举法规定进入议会需要赢得至少10%的选票，正发

---

❶ Ziya Öniş, Caner Bakir. Turkey's Political Economy in the Age of Financial Globalization: The Significance of the EU Anchor [J]. South European Society & Politics，2007，12（2）：147-164.

❷ Faruk Ataay. Neoliberalizm Ve Muhafazakar Demokrasi: 2000'li Yıllarda Türkiye'de Siyasal Değişimin Dinamikleri [M]. Ankara: De K' Basım Yayım，2008: 78.

❸ Zeyno Baran. Torn Country: Turkey Between Secularism and Islamism [M]. Stanford: Hoover Institution Press，2010: 54.

❹ Faruk Ataay. Neoliberalizm Ve Muhafazakar Demokrasi: 2000'li Yıllarda Türkiye'de Siyasal Değişimin Dinamikleri [M]. Ankara: De K' Basım Yayım，2008: 76-77.

党得以将未能跨过 10% 门槛的政党的选票收入囊中,最终占据议会将近 2/3 的议席。土耳其终于实现了一党执政和政治稳定,这对国家渡过经济危机至关重要。❶

二、城市化进程

城市化也叫城镇化。现代化理论强调,人口城市化是从传统的农业社会向现代化的工业社会转变的一部分。❷ 城市化作为一种复杂的社会和经济现象,是经济社会结构和生活方式不断变化,社会人口、社会物质和精神财富向一定空间聚集和结构化的过程。❸ 城市化进程源于经济发展,反过来也影响经济发展及社会和政治民主。

土耳其经历了快速城市化过程。1927 年首次人口普查时,全国总人口为 1364.8 万人,其中农村人口占 75.8%。从图 1-1 和图 1-2 可以看出,快速城市化进程始于 20 世纪 50 年代。这主要有两个原因:第一,政治民主化进程导致国家政策改变,农民被鼓励"进城"。共和人民党当政的一党制时期,政府限制城市化进程的发展,尽量让农民留在农村。第二次世界大战的结束改变了土耳其的政治发展进程。20 世纪 40 年代末 50 年代初,土耳其从一党制向多党议会制过渡,逐渐开启了民主化进程。代表农村和外省精英利益的民主党于 1950 年上台执政后,放松了对经济和社会的控制,开始加大基础设施建设,而建设项目需要大批工人,于是农村人口开始涌入城市。第二,农业技术的改进解放了大批农村劳动力,客观上为农村人口向城市移民提供了保证。在马歇尔计划的扶持下,土耳其开始逐渐向农业机械化过渡,特别是拖拉机和化肥的引进,使得农活对劳动力的需求不

---

❶ Meliha B Altunışık, Lenore G Martin. Making Sense of Turkish Foreign Policy in the Middle East under AKP [J]. Turksih Studies,2011,12(4):569-587.

❷ 周凯来.现代化论、城市偏向论和经济依赖论——当代西方的三种人口城市化与经济发展理论 [J].人口与经济,1990(5):57-59.

❸ 谢志岿,陈红艳,王向民.城市化与民主政治:关系及路径选择——对中国城市化进程中民主政治建设的研究 [J].江西社会科学,2007(6).

再像以前那样多。公路网建设、大城市推行的土地转让政策,以及对建筑工人和生产工人的需求都吸引了大量农民来到城市。❶

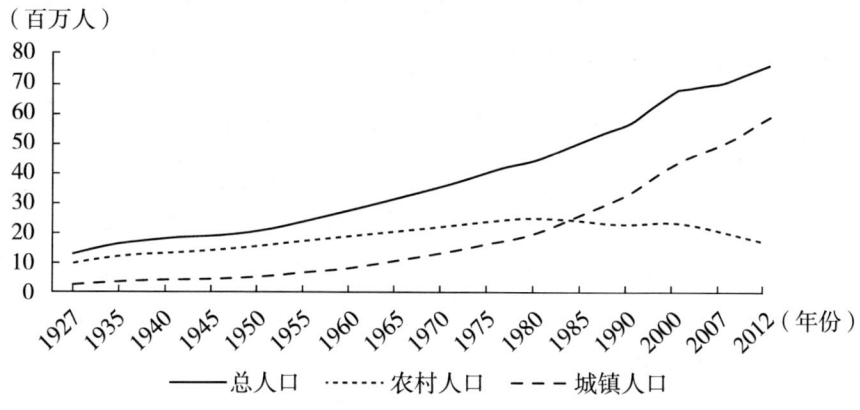

图 1-1　土耳其城镇人口和农村人口变化曲线

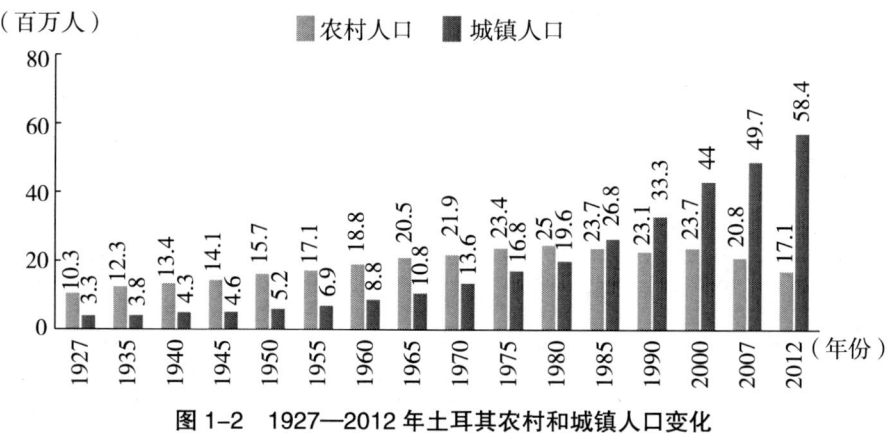

图 1-2　1927—2012 年土耳其农村和城镇人口变化

如图 1-1 所示,至 20 世纪 80 年代中期,土耳其的城镇居民已占总人口的一半以上。以大城市为例,据官方统计,土耳其第一大城市伊斯坦布尔 1945 年的人口约 86 万人,2000 年时达到 900 多万人,增长了 10 多倍。表 1-1 显示了 1975—2000 年土耳其前三大城市移民统计情况。以伊

---

❶ Kemal Kirişci. Migration and Turkey: The Dynamics of State, Society and Politics [M]// Resat Kasaba eds. The Cambridge History of Turkey. Cambridge: Cambridge University Press,2008: 175–198.

斯坦布尔为例，从 1975 年至 1990 年，每 5 年就分别有 55.7 万、57.7 万、99.6 万的移民来到伊斯坦布尔。1995—2000 年也有 92.1 万的移民来到伊斯坦布尔。尽管这期间也有居民离开，但是伊斯坦布尔的平均纯移民率仍高达 56% 左右。此外，尽管移民中也包括来自小省份的城市人口，但农村移民大量涌入是导致伊斯坦布尔人口暴增的主要原因。这种历时性的迁徙呈现两个鲜明特点：一是国内移民最初主要是从农村迁到城市，这一趋势一直持续到 20 世纪 60 年代末。二是 20 世纪 60 年代末以后，国内移民主要从小的省会城市向大城市迁徙。1980—1985 年，超过一半的国内移民发生在城市与城市之间；1985—1990 年，这一比例超过了 60%。预计到 2025 年，城镇居民可能会达到 85%。❶

表 1-1　1975—2000 年土耳其前三大城市移民情况统计

时间段	省份名称	总人口（万人）	迁入人口（万人）	迁出人口（万人）	纯移民（万人）	纯移民率（%）
1975—1980 年	伊斯坦布尔	407.5	55.7	26.8	28.9	73.4
	安卡拉	242.3	25.3	20.3	4.9	20.6
	伊兹密尔	168.6	20.4	8.4	11.9	73.7
1980—1985 年	伊斯坦布尔	506.9	57.7	27.9	29.8	60.5
	安卡拉	284.4	25.8	22.1	3.7	13.0
	伊兹密尔	200.1	19.4	11.2	8.2	41.9
1985—1990 年	伊斯坦布尔	643.4	99.6	33.9	65.7	107.6
	安卡拉	282.6	32.6	25.7	6.9	24.9
	伊兹密尔	236.6	27.6	13.0	14.6	63.8

❶ Brian Beeley. People and Cities: Migration and Urbanization [M]//Brian Beeley. Turkish Transformation: New Century–New Challenges. Cambridgeshire: The Eothen Press，2002: 37–57.

续表

时间段	省份名称	总人口（万人）	迁入人口（万人）	迁出人口（万人）	纯移民（万人）	纯移民率（%）
1990—1995年①	伊斯坦布尔	—	—	—	—	—
	安卡拉	—	—	—	—	—
	伊兹密尔	—	—	—	—	—
1995—2000年	伊斯坦布尔	904.5	92.1	51.4	40.7	46.1
	安卡拉	359.8	37.7	28.6	9.1	25.6
	伊兹密尔	307.9	30.6	18.6	12.0	39.9
2014年	伊斯坦布尔	1437.7	—	—	—	—
	安卡拉	515.0	—	—	—	—
	伊兹密尔	411.3	—	—	—	—

注：以上数据源自土耳其国家统计局官网有关土耳其各省移民情况的统计❷。

与西方国家以工业化为基础的城市化进程不同，土耳其的城市化是以农村移民在城市周边搭建"一夜屋"开始的。20世纪40年代末50年代初，移民到城市的主要是年轻人，他们在城市周围搭建简易住房作为栖身之所，这些住房的搭建未经许可，但是按照当时的法律规定，在黄昏后、日出前建成并入住的住房是不能拆除的，要通过司法途径来决定其存留问题。经过漫长的司法程序，这些住房往往是能保留下来的。由于这些简易住房都是一夜间建成的，所以称为"一夜屋"。随后这些移民的家人、亲戚和同乡也来投奔他们，并不断地搭建新的"一夜屋"。随着"一夜屋"

---

❶ 土耳其国家统计局官网缺少这一时间段土耳其各省移民情况统计数据。
❷ TUİK. İllerin Aldığı, Verdiği Göç, Net Göç ve Net Göç Hızı, Genel Nüfus Sayımları-ADNKS[EB/OL]. [2014-12-01].http://www.tuik.gov.tr/UstMenu.do?metod=temelist.

的增多，城市周围形成了一个个棚户区。可以说，"一夜屋"和"棚户区"是土耳其农村贫民在城市生活的写照。"一夜屋"刚刚开始修建时，政府认为它们与土耳其长期以来所追求的西式生活背道而驰，不仅影响城市的美观，而且影响着城市的文化、经济和社会生活。不过，居住在"一夜屋"的新移民作为廉价劳动力是工业化不可缺少的要素，更为重要的是，这些新移民意味着潜在的选票支持，因此政府对"一夜屋"采取了容忍态度。

1960—1967年，土耳其"一夜屋"的数量从24万间增加到45万间。1965年，几乎22%的城市人口居住在棚户区。对于那些在国际竞争中失败的私有企业来说，这些居住在棚户区的居民是重要的消费者，是企业赖以生存的条件，棚户区居民发挥的经济作用因而也越来越大。1966年，土耳其通过了第一部棚户区法，第一次在法律上承认棚户区的存在，并提出一些解决方案。早期建造的简陋的"一夜屋"在20世纪60年代不断被改造，至60年代末，很多棚户区镇子被改造成了低密度住宅区，有基础设施，也能享受部分公共服务。❶

土耳其农村人口的出生率一直很高❷，因此，从农村向城市的移民潮在20世纪70年代仍在继续。城市人口的增长成为土耳其的经济负担，新移民需要住房和市政服务，棚户区的房子逐渐变成了热门商品。同时，那些向上流动的棚户区居民则需要条件更好的住房。尽管土耳其视城镇化为一种发展机制❸，但是，提供足够的市政服务相当困难。

---

❶ Tahire Erman. The Politics of Squatter（Gecekondu）Studies in Turkey: The Changing Representations of Rural Migrants in the Academic Discourse [J]. Urban Studies，2001，38（7）：983–1002.

❷ 以1967年为例，土耳其农村人口的出生率比城市高出30%，与几个大城市，如伊斯坦布尔、安卡拉和伊兹密尔相比，农村人口的出生率更是高出70%。

❸ 根据土耳其的第二个五年计划，"城镇化不仅是目标，也是经济和社会发展的动力"。
参见：John M Munro. Migration in Turkey [J]. Economic Development and Cultural Change，1974，22（4）：634–653.

1983 年出任总理的厄扎尔是第一位强调城市作用的领导人。❶1984 和 1985 年，政府出台了一些法律，允许在棚户区土地上最高可以建 4 层楼，这些法律为棚户区的商业化打开了方便之门，部分棚户区居民因此很快暴富。有土耳其学者认为，这是政府在拉拢那些因自由化政策受苦最多的人，通过给予他们致富的希望换取他们的沉默。❷

工业化和城市化的快速推进，改变着地区经济的发展，推动着社会的转型，不同社会阶层、不同利益群体的利益诉求和矛盾日益明显和突出。❸城市化进程不仅对土耳其的社会和政治结构产生了深远影响，对政党政治也发挥着促进作用。

首先，城市化促进了土耳其的社会形态转型，而社会形态转型则促进了土耳其政党政治的发展。大量农村人口向城市移民，使土耳其社会从农村形态转变为城市形态。如图 1-2 所示，从 1950 年到 2008 年将近 60 年的时间里，土耳其的城市人口翻了三番。1950 年，土耳其农村人口约占全国人口的 75%，城镇人口约占全国人口的 25%；2008 年，农村人口约占全国人口的 25%，城镇人口约占全国人口的 75%。由于农村居民与城市居民的工作环境和生活条件完全不同，他们的政治需求也不同。而政党总是会为了赢得选举而顾及选民的利益和需求，因此，当大批选民的身份从农村居民转变为城市居民时，意味着各政党的选民基础发生了变化，这必然会影响政党的政治主张。

---

❶ Taha Akyol. AKP, Büyük Sermayenin Değil, Yükselen Anodolu Sermayesinin Temsilcisidir [M]//Ümit Kurt. AKP, Yeni Merkez Sağ mı? Ankara: Dipnot Yayınları, 2009:16.

❷ Tahire Erman. The Politics of Squatter（Gecekondu）Studies in Turkey: The Changing Representations of Rural Migrants in the Academic Discourse [J]. Urban Studies, 2001, 38（7）: 983-1002.

❸ Berna Yılmaz. Islamist Bourgeoisie and Democracy Under the AKP's Rule: Democratisation or Marketisation of Politics? [M]//Simten Coşar, Gamze Yücesan-Özdemir. Silent Violence: Neoliberalism, Islamist Politics and the AKP Yeasr in Turkey. Ottawa: Red Quill Books, 2012:93-122.

其次，城市化促进了土耳其的人口和社会结构转型，这种转型同样对土耳其的政党政治产生影响。由于劳动力总是向高薪酬地区移动，因此从农村地区向城镇和其他发达地区的移民产生了重要的社会与经济后果，对土耳其的种族、语言和宗教群体的结构比例产生了影响。20世纪80年代中期，土耳其种族和宗派身份政治化现象越来越严重，阿列维派❶、库尔德人及城市二代移民被排斥在体制之外，难以获得经济利益。在这样的政治氛围下，棚户区极易政治化、激进化。20世纪80—90年代，土耳其东南部地区的武装冲突导致几十万库尔德人被迫离开农村，向城镇或安纳托利亚西部省份迁移。刚到大城市的库尔德人不被移民网络认可，生活条件非常艰苦。另外，阿列维派和逊尼社区在棚户区里并行存在，政治观点和生活方式都不一致。地区政治对棚户区居民来说变得比以往都重要，能否为社区提供服务、棚户区土地能否合法化、社区发展能否有一个好的规划，在很大程度上都取决于哪一个政党赢得地区选举。因此，为了尽可能多地掌握资源，棚户区居民特别积极地进行政治参与。

最后，城市化促进了土耳其的文化和生活形态转型。棚户区居民参与政治使持保守主义和民粹主义主张的政党得到支持。现代化进程推毁了边缘和中心之间的墙，处于边缘的人们纷纷来到中心，同时带来了他们的价值观和宗教信仰。❷尽管棚户区居民融入了经济社会，但在文化上并没有融合，遭到原城市居民的排斥。在大城市，"郊区居民"成为棚户区居民的代名词，代表着"暴力、无序、政治激进主义、社会冲突和文化自卑"❸。那些因棚户区商品化而暴富的人搬进了公寓，但他们仍保留着自己的文化。

---

❶ 阿列维派，即 Alevi，土耳其的非逊尼派穆斯林。

❷ Taha Akyol. AKP, Büyük Sermayenin Değil, Yükselen Anodolu Sermayesinin Temsilcisidir [M]//Ümit Kurt. AKP, Yeni Merkez Sağ mı? Ankara: Dipnot Yayınları, 2009:13–16.

❸ Tahire Erman. The Politics of Squatter（Gecekondu）Studies in Turkey: The Changing Representations of Rural Migrants in the Academic Discourse [J]. Urban Studies，2001，38（7）：983–1002.

根据土耳其学者1993年的一项研究，"90年代，棚户区通过其独特的文化和结构，通过其社会、政治、经济关系，成为可以直接影响社会、政治、经济结构的潜在力量"❶。20世纪70年代，共和人民党曾一度成功动员这些社区。20世纪80年代开始，随着伊斯兰主义的繁荣党的兴起，情况出现了变化，伊斯兰政党开始赢得这些以移民为主的选区的支持，地方市政中心先是从共和人民党转向了保守的繁荣党，之后又先后转向了繁荣党的继承者美德党和正发党。❷

三、教育

正如经济领域一样，土耳其的教育领域也一直进行着改革。土耳其共和国成立之后，西方世俗化教育被认为是现代化最重要的动力。土耳其于1924年确立了世俗的教育体系，取缔了所有宗教学校，宗教教育逐渐从课程中消失。❸ 另外，部分基督教的教会学校也被关闭，但是那些迎合精英阶层的外国中学及教育条件完备的少数民族学校则保留下来。为突出土耳其民族身份，土耳其语成为唯一的教学语言，同时根据《洛桑条约》的规定，亚美尼亚和希腊族社区学校可以继续使用母语教学。

在确立了教育世俗化原则之后，政府努力加大办学力度，扩大招生人数。截至1980年，土耳其的现代教育得到全面推广。如图1-3所示，与1945年相比，小学报名人数从160.0万人提高到570.0万人；初中报名人数从6.8万人增加到100.0万人；高中报名人数从2.2万人增加到53.5万人；大学生从2.5万人增加到33.0万人。不过，学生人数的增加并不代表教育水平的提高。教育领域存在着诸多问题：第一，教育投入不足。由于政府并未按照学生

---

❶ Tahire Erman. The Politics of Squatter（Gecekondu）Studies in Turkey: The Changing Representations of Rural Migrants in the Academic Discourse [J]. Urban Studies，2001，38（7）：983–1002.

❷ Kemal Kirişci. Migration and Turkey: The Dynamics of State，Society and Politics [M]// Resat Kasaba. The Cambridge History of Turkey. Cambridge: Cambridge University Press，2008:175–198.

❸ 20世纪50年代初，民主党政府响应民众要求，再次引入了宗教教育。

比例扩大教育投入,导致了师资质量下降、图书馆和实验室不足、课本和课程落后等问题。第二,教育资源分布不均。特别是在欠发达的东部和东南部农村地区,有些地方没有学校,有的学校只有一名教师。第三,教育质量下降。小学生的毕业率只有27%,初中生的毕业率只有60%~65%。第四,教育体系与经济社会发展的需求脱节。学校无法提供经济发展所需的人力资源,职业教育成果有限,因而影响很多领域。20世纪70年代末土耳其发生的经济危机,实施进口替代政策是主因,但教育政策未能跟上经济政策的变化,也导致了危机的加重。❶1980年后,政府致力于扭转这种局面,但是成果有限,因为改革既涉及高等教育,也涉及中等教育,没有足够的财政预算就很难实施成功的改革。

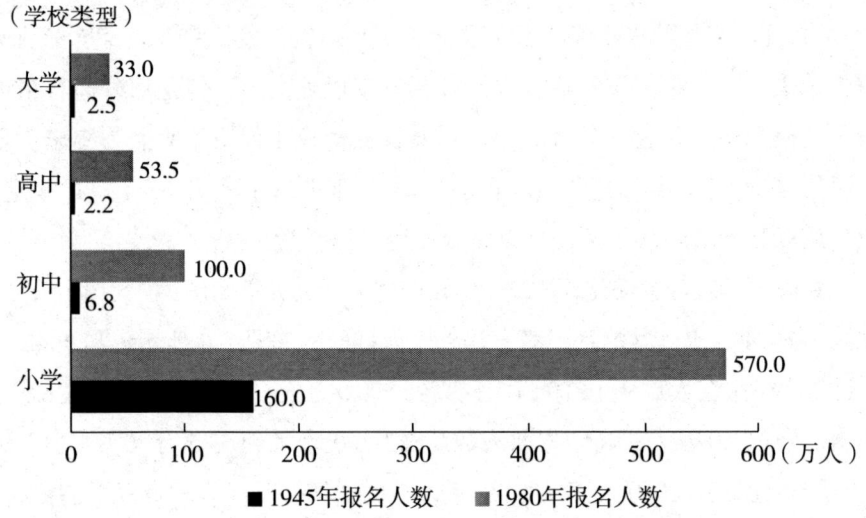

图1-3　土耳其1945年和1980年小学、中学和大学学生报名人数对比

1981年,土耳其颁布了《高等教育法》,将大学置于高等教育委员会(以下简称"高教委")的管理之下。该法的基本原则后来被写进1982年宪法。因此,如欲修订任何有关《高等教育法》的基本原则,都必须同时修订宪

---

❶ Joseph S Szyliowicz. Education and Political Development [M]//Metin Heper, Ahmet Evin eds. Politics in the Third Turkish Republic. Corolado: Westview Press, 1994:149–150.

法的相应章节，这就需要议会三分之二多数通过。❶ 这为有关高等教育的法律修订设置了极高的门槛。高教委本身不是学术机构，其成员中 8 名由总统指定，8 名由部长委员会选举产生，另外 8 名由大学委员会❷选举产生。

高教委成立后，很快创建了 8 所大学。新建院系的人数和性质均由高教委决定，政治学作为独立学科被取消，大学校长和学院院长也不再由教师选举产生。1982 年 4 月，政府通过了一项《高等教育法》修正案，准许高教委随意开除教师。另外，还规定教师不得参加政治党派或任何社团，不得组建商会或参与商会活动。同时，教师的职称评定也受到政治控制，能否评上教授不再由学术委员会决定，而是由校长、高教委和秘密警察来决定。❸ 除此之外，高教委还对各学院的课程进行监督。

1980 年军事政变后，土耳其的高等教育出现了严重问题。第一，高教委不顾客观条件，盲目扩大办学规模。1980—1987 年，高教委先后创建了 27 所大学，新学校普遍存在教学和科研设备缺乏的问题；师资力量严重短缺，特别是经济、法律和政治学等社科专业缺少师资。尽管如此，高教委仍扩大了招生。仅 20 世纪 80 年代，大学学生总数增加了将近 2 倍：1980—1981 学年是 23.7 万人，1989—1990 学年达到了 64.4 万人。第二，高等教育投入不足。大学生人数增加了，教育投入却下降了。1980—1987 年，教育经费在政府预算的占比从 12.5% 下降到 8.5%，教育开支在国民生产总值的占比从 3.5% 下降到 1.9%。❹ 第三，校园暴力猖獗。从 20 世纪 60 年代末开始，暴力活动成为土耳其大学校园的一大痼疾。学生和教师因意识形态原因分化成不同的阵营，激进的学生常为控制校园而开战。第

---

❶ Sungur Savran, Bulent Tanor, Gunduz Vassaf. Out of Order: Turkish Universities and Totalitarianism [M]. London: World University Service, 1987:14.

❷ 大学委员会是由校长和教授组成的二级机构，负责处理学术问题。

❸ Sungur Savran, Bulent Tanor, Gunduz Vasaaf. Out of Order: Turkish Universities and Totalitarianism [M]. London: World University Service, 1987:14.

❹ Joseph S Szyliowicz. Education and Political Development [M]// Metin Heper, Ahmet Evin. Politics in the Third Turkish Republic. Corolado: Westview Press, 1994:156.

四,大学教师队伍遭到清洗。土耳其1961年宪法曾赋予大学学术和行政自由,但是1980年军事政变后,军方认为,大学教师对20世纪70年代的极化和暴力横行负有很大责任,是教师使学生分成右翼和左翼。于是,军政权对大学采取了坚决的"去政治化"改造,正常的学术活动受到限制,教师的任命、提升和选拔都受到意识形态因素的影响。为了清理教育系统,军队开除了很多教师,并鼓励部分教师退休。土耳其国家统计局公布,1981—1984年教师减少了8.5%,共计1890名。❶第五,大学的专业设置对国家经济建设产生了不利的影响。1974—1975年,53%的大学生主修社会学和人类学;1982—1983年,这一数字则上升到了66%。由于医学、机械工程、农业工程等专业的需求得不到满足,国家建设受到严重影响,同时也加剧了本已严重的失业问题。由于缺少一个整体的民族工业培训体系,工业技术人员得不到岗前培训,高教委虽创建了近60所高等职业学校和研究生院,但这些新创建的学校同样存在硬件不足、开设课程不全、师资水平差等问题。

第二节　制度背景

自奥斯曼帝国开始,军队一直是土耳其政治舞台上的一个重要角色。奥斯曼军队将领出身的穆斯塔法·凯末尔·阿塔图尔克(Mustafa Kemal Atatürk)和伊斯麦特·伊诺努(İsmet İnönü)不仅建立了土耳其共和国,而且使军队成为捍卫国家统一及世俗主义的支柱。土耳其共和国建国之初,军队通过选举政治赢得合法性,进入议会的军人们虽然脱去了军装,仍将自己定义为凯末尔主义的守护者。这成为军队权力的主要来源,也为军队不断干政找到了依据。土耳其政治中蕴含着浓郁的"军人监国"特点,军队在政治中发挥着举足轻重的作用。从20世纪60年代至90年代,土耳

---

❶ Joseph S Szyliowicz. Education and Political Development [M]// Metin Heper, Ahmet Evin. Politics in the Third Turkish Republic. Corolado: Westview Press,1994:152.

其发生了四次军队干政事件,在军队主导下出台的 1961 年宪法和 1982 年宪法对土耳其政治的发展发挥了设计与限制作用。

一、四次军事干涉及其政治影响

自土耳其共和国 1923 年成立,共和人民党一党执政 27 年。1950 年,民主党赢得议会选举,成立了代表大商人、工业家和大庄园主联盟的政府,致力于发展私营经济,力图把土耳其变成一个"小美国"。为了扩大选民基础,民主党政府尝试改变凯末尔主义的一些根本原则,如国家主义、世俗化等。政府对宗教活动更趋宽容,如恢复阿拉伯语宣礼、开办古兰经学校等。由于代表了凯末尔主义立场,共和人民党成为政治压制的牺牲品,与民主党关系日趋紧张,因此共和人民党追求建立在检查和制衡基础上的多元民主,如宪法审查和对司法独立的保护。20 世纪 50 年代中期开始,国家经济形势恶化、通胀严重。军官,特别是下层军官的生活质量严重下降,军人对政府的不满日益强烈。民主党政府的做法使 1960 年春季整个国家出现动荡,最终导致 1960 年 5 月 27 日军队发动政变推翻了民主党政府。

1961 年,军政权制定的新宪法对民主自由和基本权利提供了保障,除了宪法给予的自由,20 世纪 60—70 年代,土耳其社会还经历了快速的工业化,意识形态的斗争也在不断升级。左翼的土耳其工人党的代表进入议会,共和人民党向中左翼转变,这些都令右翼分子感到担心。1965 年,阿尔普阿斯兰·图尔凯什(Alparslan Turkeş)上校❶开始组建准军事训练营,营地里出现了右翼暗杀小组。1967 年,进步商业联盟(DİSK)成立,它对 1955 年在美国顾问指导下成立的工人商业联盟(Türk-İş)一直享有的劳工组织垄断权形成了挑战。20 世纪 60 年代末,图尔凯什领导的民族行动党开始针对左翼人士实施恐怖袭击,初期只针对学生,后来逐渐扩大到工人、教师、记者、商会成员。土耳其因此出现了动荡不安的局面。同时,正义党和右翼分子对

---

❶ 图尔凯什上校曾参加 1960 年的军事政变,后于 1969 年创建了民族行动党,成为该党第一位党主席。

1961年宪法非常不满，1965—1971年担任总理之职的苏莱曼·德米雷尔（Süleyman Demirel）就曾多次表示："国家有这样的宪法就没法管理了。"1971年年初，土耳其一片混乱，德米雷尔已经无力控制局势。3月12日，土耳其武装部队向总统和两院主席提交了一份备忘录，要求建立一个有力的、可信任的政府，德米雷尔被迫辞职。这就是土耳其共和国历史上第二次军事政变——"备忘录政变"。随后，在军方的主导下，土耳其对1961年宪法进行了大幅修改。

整个20世纪70年代，土耳其经济停滞，失业率和通胀率不断上升，恐怖主义盛行，几届政府均不得民心。1975年，正义党在德米雷尔领导下与民族行动党组成联合政府，此后国内的恐怖袭击加剧。由于局势不断恶化，1978年在全国67个省中有13个省实施了戒严法。随着政治动乱和社会极化现象的加剧，国无宁日，军队于1980年9月12日再次进行了干涉，并于政变后废除了1961年宪法。

从1960年到1980年，土耳其政治出现了一个明显的变化，主要是由于军队立场的改变。民主党执政时期，军队的地位和待遇逐渐下降，军官们被戏称为"柠檬人"，因为他们只买得起柠檬。1961年军队创建了互助基金会（OYAK），该基金会进行紧密的跨国合作，生产和销售各种消费品，如水果、罐头、活动房屋、拖拉机，以及雷诺汽车。整个20世纪七八十年代，该基金会不断发展，业务扩展到了酒店和旅游业，被形容是国企和私企之外的第三行业。将军们成为社会中的特权阶级，热心于维持现状。❶ 土耳其军队既反对20世纪六七十年代兴起的左翼政党和运动，也反对政治扇面向任何可能破坏现状的方向发展。1982年宪法废除了大多数基本的权利与自由，这是20年来军队立场变化的直接结果。

20世纪80年代，厄扎尔进行的经济自由化改革改变了土耳其的政治和社会结构，为伊斯兰资本的积累提供了机会，借助于这些资本，伊斯兰

---

❶ Feroz Ahmad. The Making of Modern Turkey [M]. London, New York: Routledge, 1993:130–132.

政党和伊斯兰运动得以壮大。这一变化一方面受益于厄扎尔政府提供的机会，另一方面军队也发挥了助推作用。80年代，为对抗共产主义的传播，军队接受并发展了"土耳其—伊斯兰"相结合的意识形态。当军队意识到社会运动不像军队一样令行禁止时，为时已晚，体系已经敞开了大门。1996年纳奇麦丁·埃尔巴坎（Necmettin Erbakan）领导的伊斯兰政党繁荣党上台执政，伊斯兰主义开始盛行。1997年2月28日，军队发表声明，埃尔巴坎随即下台，不久繁荣党也被取缔。

此次军事干涉又称为"软政变"或"后现代军事干预"。土耳其学者托普拉克认为，1997年埃尔巴坎政府辞职一事并非完全如欧洲观察家所说是军队压力的结果。虽然军队也发挥了作用，但当时埃尔巴坎政府已经引发了政治危机。❶这次干预不仅导致埃尔巴坎政府下台，而且使民族国家主义的保守观点为所有人接受。此次军事干政后，军队渐渐意识到很难公开反对文职政府的决定，毕竟这些决定是通过合法程序做出的，而且军队也难以直接管理一个社会、政治、经济都很复杂的国家。从此，土耳其军队开始退到幕后。❷

事实上，与其他发展中国家不同，土耳其军队在军事干涉后总是很快还政于民。土耳其学者麦亭·海派尔（Metin Heper）认为，尽管经历过几次军事政变，尽管国家精英与政治精英之间存在着根本矛盾，但土耳其的政治生活仍在日益变得更加民主。海派尔认为，以军队和高级官僚为代表的国家精英与身为民选官员的政治精英对于民主有不同的理解，军队常常怀疑民选官员对国家的长期利益漠不关心，因此总是试图重新调整民主，军队在使政治变得更为理性之后就"返回军营"❸。尽管军队并未长期执政，但是从1960年开始，几乎每10年一次的军事干涉对土耳其的政党政治，

---

❶ Binnaz Toprak. Islam and Democracy in Turkey [J]. Turkish Studies，2005，6（2）:167-186.

❷ Binnaz Toprak. Islam and Democracy in Turkey [J]. Turkish Studies，2005，6（2）:167-186.

❸ Metin Heper. Consolidating Turkish Democracy [J]. Journal of Democracy. 1992，3（2）:105-117.

无论是对中右翼还是对左翼政党都产生了巨大影响。

1960年政变后，民主党被取缔，其主要政治家被禁止从政，正义党成为中右翼政党新的代表。中右翼政党一向致力于将自由主义、民族主义和宗教保守主义融入一个熔炉，不过要实现三者的平衡非常困难，特别是到了20世纪80年代，土耳其所处的环境使实现这一平衡变得难上加难。1980年政变后，所有政党都被取缔，前政治家一律被禁止从政。于是，厄扎尔创建的祖国党成为中右翼新的旗帜。正义党是民主党的继承者，而祖国党则将自由主义、民族主义、保守主义甚至社会主义政策都集中到自己名下。尽管1980年的军事政变不仅针对左翼青年，它对伊斯兰主义者和民族主义者也施加了很大压力，但是只有左翼几乎完全失去了政治地位，而其他党派基本都是政治禁令一取消就组建了政党。中右翼政党方面，除了祖国党，正义党也以正确道路党为名再次登上政治舞台，从而使土耳其第一次出现了在政治舞台上两大中右翼政党并存的局面。

1980年的军事政变导致政治伊斯兰势力加强。出于冷战思维，军队认为共产主义威胁应该为街头争斗负责。为阻止共产主义的传播，军队打出了伊斯兰牌。当时右翼知识分子和政府官员所说的"土耳其—伊斯兰合一论"是军事政权半官方的意识形态，可以说政治伊斯兰从中受益匪浅，埃尔巴坎领导的繁荣党快速发展壮大，并在1995年选举中获胜，与正确道路党组建了联合政府。

1997年"软政变"后，伊斯兰资金接受审查，国家针对伊斯兰背景的公司、企业展开反腐行动，市民也呼吁抵制它们的产品，目的就是为了切断伊斯兰运动的财源。这次严厉的打压使得伊斯兰政党意识到认同自由民主和加入欧盟等观点的必要性。1970年，为区别于"西方俱乐部"，民族救国党提出"民族观"❶意识形态。他们认为其他政党，无论是左翼还是右翼，

---

❶ 民族观运动是随着埃尔巴坎1969年组建"独立运动"开始流行的一种思潮，其核心思想是反对西化，主张土耳其自力更生，保持自身独特的价值观。1970年，埃尔巴坎组建民族秩序党，民族观开始政党化。民族秩序党被取缔后，其继任者民族救国党、繁荣党、美德党、幸福党都是民族观运动的政治代表。

都属于西方俱乐部,都找不到能够解决土耳其问题的办法。20世纪80年代繁荣党的口号是"重建伟大的土耳其",埃尔巴坎想依靠安纳托利亚资本建立民族工业,让外省那些后来被称作"安纳托利亚老虎"的企业家取代中央的经济权力。他主张建立一个穆斯林防御联盟和共同市场,将伊斯兰第纳尔作为公共货币。❶ 可以说,"2·28进程"彻底改变了伊斯兰政党的战略战术。

军事干涉使中右翼政党的话语发生改变,以谋求执政合法性。中右翼政党一向将民主定义为"民族的真正代表",这为将民族主义和民主建立联系奠定了基础。1960年政变后,中右翼政党开始特别强调民族意志和公民政治。特别是1971年的"备忘录政变"之后,这一强调更加突出。正义党领导人德米雷尔认为,民主意味着经选举产生的民族意志的代表的地位更加重要。相对于20世纪六七十年代来说,80—90年代执政的祖国党和正确道路党等中右翼政党并未遭遇军事政变,因此面临的"执政合法性"压力不太大。但是2002年上台的正发党由于具有伊斯兰根基,其执政合法性受到很大质疑。因此,正发党也非常强调它是通过选举上台的民族的真正代表。

二、军方主导下的制度设计

早在1876年奥斯曼帝国统治时期,土耳其便出台了第一部宪法。从实施宪政主义开始,土耳其共制定过5部宪法,分别是1876年宪法、1921年宪法、1924年宪法、1961年宪法和1982年宪法。❷ 其中,土耳其大国民议会出台的1921年宪法只有短短的23条,不是真正意义上的宪法,只是为了解决迫在眉睫的宪政问题而制定的。1924年宪法保留了1921年宪法的很多基本原则,特别是国家主权原则。厄兹布同等认为,1924年宪法在精神上是民主的,充满"卢梭式"的民主概念,但不是建立在复杂的检

---

❶ Binnaz Toprak. Islam and Democracy in Turkey [J]. Turkish Studies, 2005, 6(2):167-186.

❷ Ergun Özbudun. Ömer Faruk Gençkaya. Democratization and the Politics of Constitution-Making in Turkey [M]. Budapest: Central European University Press, 2009:1.

查和制衡体制基础上的自由或多元民主。[1]1924年宪法将所有权力集中于大国民议会，视其为土耳其民族的唯一代表。理论上讲，立法权力和行政权力都集中于议会，议会通过它选举产生的总统及总统任命的部长委员会行使行政权力。议会可以在任何时候监督和解散部长委员会，而部长委员会却无权解散议会以进行新的选举。

1924年宪法不信任行政机关，对司法独立保护不足，未能对立法权的制度化进行正式限制，特别是没有一个司法机制对法律是否合宪进行检查。在一党制时期，缺少合法检查和制衡并未导致重大问题，但1946年转为多党制后，问题开始显现。立法权得不到限制，同时选举制度导致立法机关形成一种畸形的多数，使得多数党领袖运用权力压制、困扰反对党。20世纪50年代民主党执政时期，1924年宪法的上述问题完全暴露出来，如何阻止多数党领袖滥用权力成为50年代失意的反对党和军队特别关注的问题。1961年军队主导的宪法的出台与这一背景紧密相关。

1960年5月27日，军队通过政变推翻了门德列斯政府，之后成立了制宪大会，由伊斯坦布尔大学校长领导一些学者负责宪法的起草工作。新宪法于1961年7月9日通过，获得61.7%的民众支持。与1924年宪法相比，1961年宪法具有完全不同的特点和作用。

首先，1961年宪法不仅保证军队参政，还致力于权力制衡。它开创了两院制，下院即国民议会包括450名成员，按照比例代表制每4年选举一次；参议院包括150名成员，根据多数制每6年选举一次。1960年政变后成立的国家统一委员会的成员都是终身参议员，另外还有15名参议员由总统指定。两院共同组成大国民议会。总统任期7年，由大国民议会选举产生，需要赢得2/3多数。总统指定总理，总理选择政府成员，政府对议会负责。

1961年宪法反映的主要是国家精英的政治观念和利益。一方面，它极

---

[1] Ergun Özbudun, Ömer Faruk Gençkaya. Democratization and the Politics of Constitution-Making in Turkey [M]. Budapest: Central European University Press, 2009:1.

大地扩大了公民的基本权利和自由，旨在形成一个多元、民主的社会；另一方面，它设立了有效的检查和制衡体制，以使议会受到司法和其他官僚机构的有效制衡。厄兹布同等认为，1961年宪法将新的伙伴——军队和知识分子引入民族主权的构成中，不信任选举出来的议会。这意味着土耳其再度回到奥斯曼帝国时期由宫廷、军队和宗教学者组成的"三方政府"中。❶

其次，军方通过创建国家安全委员会（Milli Güvenlik Kurulu，简称"国安会"）主导政治进程。根据1961年宪法，土耳其成立了由总统、政府部长、总参谋长和各军种最高统帅构成的国安会，总统主持国安会工作，总统不在时由总理主持。国安会负责协助内阁就涉及国家安全与合作的事务进行决策。在这里，"国家安全"的概念范围很广，将军们在内阁做出决定之前可以讨论任何问题，"从大米的价格到公路，乃至旅游景点，没有一个问题不关系到国家安全"❷。国安会通过定期咨询和参加预备讨论而干涉政府决策，军队因而在制定国家安全政策时发出合法声音。1961年宪法第110款规定，总参谋长在行使权力和职责时对总理负责。实际上，当时的总参谋长已经像一个手握实权的副总理一样独立于国防部了。

最后，宪法法院（Anayasa Mahkemesi）成为维护军人主政的保障机构。1961年宪法新成立了两个机构，一是上文提及的参议院，二是宪法法院。宪法法院包括15名正式成员和5个候补成员。与很多欧洲国家一样，土耳其宪法法院法官的产生过程也受到政治机制的影响。由于被赋予能够左右政治的权力，宪法法院自成立以来便成为争论的焦点。"宪法法院就像第三个议会一样，做出最高终极决定。它除了有司法功能，还发挥政治功能。"❸1961年宪法没有关于监督修宪的条款，在某种程度上形成一种真空，

---

❶ Ergun Özbudun, Ömer Faruk Gençkaya. Democratization and the Politics of Constitution-Making in Turkey [M]. Budapest: Central European University Press, 2009:15-17.

❷ Feroz Ahmad. The Making of Modern Turkey [M]. London & New York: Routledge, 1993:130.

❸ Engin Şahin. Siyaset Ve Hukuk Arasında Anayasa Mahkemesi [M]. İstanbul: İz Yayıncılık, 2010:64-65.

而宪法法院借助于这种真空来扩大自己的权力范围,授予自己监督修宪的权力。由于其决定是最终决定,因此,宪法法院在土耳其法律体制中处于关键位置。在此后的几十年里,宪法法院多次做出取缔政党的决定,对土耳其政党政治产生了决定性影响。

出于不同的目的,包括联邦制、分权、经济利益、宪法裁定、民主、保护霸权等,世界上不止一个国家设立了宪法法院。有土耳其学者提出,政治和经济精英需要建立一个宪法机构作为保障,以有意识控制边缘群体的压力,这是建立宪法法院的真正目的。❶1960—1980年,土耳其政治生活成为议会和宪法法院之间的一次下棋比赛。宪法法院做出决定之后,议会总是试图通过新的法律条款取消其决定;宪法法院则会针对议会的做法,对新的条款做出不一样的解释,从而达到自己的目的。毫无疑问,宪法法院忠于它所代表的中心价值观,甚至将自己定义为中心机构。❷

土耳其宪法法院执行宪法规定的职责,其中最重要的是评判和取缔政党。与此同时,宪法法院也借助于审计法院对政党的财政情况进行监督。20世纪60年代以来,土耳其宪法法院先后取缔多个政党,其中主要是伊斯兰主义政党,如民族秩序党、民族救国党、繁荣党、美德党等;也有左翼政党,如土耳其工农党、土耳其工人党等。1983年10月之后,所有政党都是经宪法法院取缔的❸,而这之前有很多政党是由军事法院取缔的。宪法法院一向被认为是军队之外的又一个守护机构,维护土耳其世俗国家的性质。

除了政治进程,宪法法院对土耳其经济也有影响。20世纪90年代,

---

❶ Engin Şahin. Siyaset Ve Hukuk Arasında Anayasa Mahkemesi [M]. İstanbul: İz Yayıncılık Limited Şirketi,2010:141-145.

❷ Engin Şahin. Siyaset Ve Hukuk Arasında Anayasa Mahkemesi [M]. İstanbul: İz Yayıncılık Limited Şirketi,2010:83-89.

❸ Türkiye'de Kapatılan Siyasi Partiler [EB/OL]. [2014-11-09]. http://tr.wikipedia.org/wiki/Türkiye'de_kapatılan_siyasi_partiler.

国际货币基金组织努力加速土耳其的私有化进程，为此政府通过了很多法令。不过根据规定，法令的目的、范围、原则和执行期限均须通过授权法来明确。1994 年，宪法法院改革了 3987 号授权法并宣布：私有化不能以法令为依据，必须根据议会法律来执行。宪法法院认为，公共服务行业（比如电信和电力行业）具有战略价值，将这方面的控制权交给外国人是违宪的。另外，宪法法院还认为，当某种垄断无法避免时，必须采取措施确保国家对这种垄断的监督和控制。为此，在就私有化项目做出决定时，宪法法院会要求政府发放"黄金股份"，这些股份一方面可以保证政府继续拥有批准与具有战略意义的公共服务相关的重大决定的权力，另一方面也可以阻碍市场权力被滥用。❶

1980 年军事政变后，军政权废除了 1961 年宪法，国安会创建了一个制宪大会。1982 年，土耳其就新宪法举行全民公决。宪法公投与总统选举同时进行，支持宪法也就是支持当时唯一的总统候选人凯南·埃夫伦（Kenan Evren）。国安会暗示，如果宪法草案通不过，军政权将继续执政。在这种前提下，该宪法于 1982 年 11 月 7 日以 91.37% 的高票通过。1982 年宪法经过多次修订，迄今仍在实行，因而对土耳其政治有重要的设计作用。

首先，1982 年宪法限制了政党自由，同时保证军队继续发挥"监国"作用。与 1961 年宪法不同，1982 年宪法规定实行一院制议会，但有关选举未作任何规定，因此选举制度的确定仍由法律制定者决定。1982 年宪法反映的仍是国家精英的观念和利益，总统在军队认为特别敏感的两个领域被赋予重大权力（任命高等法院的法官和大学校长）。1982 年宪法对政党进行了严格限制，不允许政党与联合会、专业组织、基金会、协会开展任何形式的合作。厄兹布同等认为，1982 年宪法就是根据让军队继续作为政

---

❶ Ali Murat Özdemir. Fragments of Changes in The Legal System in the AKP Years: The Development and Reproduction of a Market Friendly Law [M]//Simten Coşar, Gamze Yücesan-Özdemir. Silent Violence: Neoliberalism, Islamist Politics and the AKP Yeasr in Turkey. Ottawa: Red Quill Books，2012:93–122.

治体制最终监护人和仲裁者的理念而设计出台的，其基本哲学是保护国家及其权威。军队得到了重要的权力、特权和豁免权，不受审计法院和高级监督委员会的检查，同时高级军事委员会有关高级军官任命、晋升和开除的决定不对司法机构公开。❶ 可见，1982 年宪法加强了军队的权力，增加了军队在国安会的成员数量，增加了国安会对内阁决策的影响。

其次，1982 年宪法扩大了总统的权力。军队不信任政治精英和当选政府，便通过宪法设立了一些守护机构，以限制文官政府的活动空间。这些守护机构包括总统、国安会和高教委。总统有权指定高教委主席、部分委员及大学校长。❷ 另外，总统拥有相当大的司法权力，可以指定宪法法院院长、国安会 1/4 成员、最高上诉法院首席检察官、法官检察官高级委员会成员；还可以将宪法修正案提交全民公决；要求宪法法院废除违宪法律；解散议会，宣布进行新的选举；作为军事总指挥官，总统可以进行军事动员、任命总参谋总长。同时，总统还是包括总理、其他关键部长和高级官员在内的国安会的主席。❸ 埃夫伦任总统期间的主要任务就是把握文官政府转型的方向及保护 1982 年宪法。

1982 年宪法的目的是恢复国家的威权，避免社会意识形态的分裂。自出台至今❹，对该宪法合法性和民主性的质疑便没有中断过。从 1987 年起，土耳其共经历了 15 次修宪。2001 年的修宪及之后的改革消除了军队的一些宪政特权，但这些改革并未真正导致军队政治作用的下降。❺

---

❶ Ergun Özbudun, Ömer Faruk Gençkaya. Democratization and the Politics of Constitution-Making in Turkey [M]. Budapest: Central European University Press, 2009:23.

❷ Ergun Özbudun, Ömer Faruk Gençkaya. Democratization and the Politics of Constitution-Making in Turkey [M]. Budapest: Central European University Press, 2009:19-23.

❸ Metin Heper. Consolidating Turkish Democracy [J]. Journal of Democracy. 1992, 3（2）: 105-117.

❹ 1982 年宪法出台后历经多次修订。正发党政府也曾牵头制定新宪法，未成功。截至 2020 年，土耳其实施的仍是 1982 年宪法。

❺ Ergun Özbudun, Ömer Faruk Gençkaya. Democratization and the Politics of Constitution-Making in Turkey [M]. Budapest: Central European University Press, 2009:1.

第三节　国际背景

如前所述，社会、经济和教育等因素为土耳其的政治发展提供了基础。相较于上述国内背景因素，国际因素，特别是外部行为者对土耳其政治发展的作用似乎更加突出。从土耳其的政治发展进程来看，重要的外部行为者包括欧盟和国际货币基金组织。欧盟以自身的稳定和繁荣为示范，以欧盟的成员国资格为条件，通过经济和文化方面的"软权力"影响他国的民主化进程。[1]欧洲国家的政治、经济、文化等现代民主文明自土耳其共和国建国之日起便深深影响着其顶层设计，因此，考察土耳其政治必须研究欧盟对其的影响。

而就国际货币基金组织来说，由于承担了诸如监督和维护成员的经济及在必要时对其提供援助的职责，因此对于遭遇经济危机的国家来说，国际货币基金组织及与其同期成立的世界银行很多时候无异于"救命稻草"，它们会通过贷款等方式对成员进行经济援助。与普通商业性贷款不同，国际货币基金组织对融资有较为苛刻的贷款条件和鲜明的政策性。因此，在土耳其案例中我们有必要对国际货币基金组织展开讨论。

一、欧盟

自奥斯曼帝国末期的坦齐马特（Tanzimat）改革起，与欧洲融为一体就成为土耳其的梦想。土耳其共和国成立初期，为巩固新生政权采取相当中立的外交政策，同时十分重视发展与欧洲国家的关系。第二次世界大战结束后，冷战秩序第一次为土耳其提供了与西方建立有机联系的机会，土耳其与美国建立了紧密的外交关系。[2]1948年，土耳其加入欧洲经济发展

---

[1] 陈尧. 新兴民主国家的民主巩固[M]. 上海：上海人民出版社，2010:200.

[2] Yücel Bozdağlıoğlu. Turkish Foreign Policy and Turkish Identity—A Constructivist Approach [M]. New York，London: Routledge，2003:57.

与合作组织，1949年加入欧洲委员会，1952年加入北约，这些都为土耳其实现欧洲梦奠定了基础。

土耳其争取加入欧洲共同体（以下简称"欧共体"）的努力始于1959年，并于1987年正式提出申请。欧共体认为土耳其在政治和经济上还未准备好，拒绝了其申请。1995年，土欧签订关税同盟。1999年，赫尔辛基峰会上土欧关系出现转折，土耳其成为欧盟正式候选成员国。土耳其在积极靠拢欧洲的过程中，不得不逐步接受西方价值观和民主标准。可以说，欧盟对土耳其政治发展进程的作用主要体现在以下两个方面。

第一，通过不断施加压力，促使土耳其采取政治民主化举措。20世纪80年代初，欧共体的批评和制裁直接导致土耳其政治民主化进程再度开启。1980年军事政变后，欧共体严厉批评土耳其军政府并对其实施了经济制裁。1982年1月，欧洲议会取消了与土耳其议会的联合会议，并要求废除联合委员会的第四份财政议定书，停止向土耳其提供经济援助。同年11月，土耳其通过新宪法，欧洲理事会随即宣布该宪法的一些条款与《欧洲人权公约》及欧洲理事会的宪章相违。1983年1月，欧洲理事会向土耳其施压以敦促其举行自由选举。欧洲理事会表示，如果土耳其成立了通过自由选举组成的政府，将允许其参加欧洲理事会部长委员会，以协调彼此的立场和行动。面对欧洲理事会的重重压力，土耳其军政府决定允许成立新的政党并确定于1983年年底举行议会选举。❶ 土耳其于1983年11月举行大选，厄扎尔领导的祖国党获胜。祖国党政府努力改善同欧共体的关系，致力于双边关系的正常化。

20世纪80年代中后期，为促进土耳其的民主化进程，欧共体不仅对其民主和人权状况进行监督和考察，还开始提出具体的法律修订建议。1985年，欧洲议会向土耳其派遣了一个考察团，考察结束后出台了一份报告，建议欧共体向土耳其提出5项要求，包括废除死刑、取消酷刑、

---

❶ 楚哈尔·耶西尔尤尔特·居恩迪茨. 欧盟对土耳其民主化的影响 [J]. 世界经济与政治，2005（3）.

允许个人向欧洲人权法院提起刑事诉讼、扩大言论自由等。此外，欧共体还批评土耳其当局排挤前政治家的做法。在欧共体的压力下，厄扎尔政府于1987年9月举行全民公投，取消了禁止前政治家从政的禁令。前政治家因此回归政治舞台，土耳其政治权力的平衡也因此发生极大改变。

1987年，土耳其正式申请加入欧共体，并为配合申请做出三项重大决策：废除1964年出台的一项针对希腊不动产所有者的歧视性政策；允许个人按照《欧洲人权公约》第25条提出申诉；在议会设立专门的人权委员会。欧共体对此举做出积极回应，于1987年年底通过了"土耳其特别行动"决议，对"欧共体土耳其商务周"和"健康计划"分别提供了最高50万欧元和150万欧元的经济援助，其他的经济援助也随之而来。[1]然而，欧共体当时正忙着建立内部市场和南扩，并不急于考虑土耳其的入盟申请。

20世纪90年代，欧盟主要通过哥本哈根标准对土耳其施加影响，推动其在各方面向欧洲标准看齐。1993年，欧盟出台了哥本哈根标准。[2]1995年年底，欧洲议会决定于1996年1月1日开始与土耳其签署关税同盟条约。土耳其比尔肯特大学的学者楚哈尔·居恩迪茨（Zuhal Gündüz）认为，该决定的意义远远超出了关税同盟本身，因为它明确了土耳其与欧盟的政治关系，鼓励了土耳其国内的经济改革。不过，与关税同盟条约一起通过的还有一项关于土耳其国内人权状况的决议。该决议敦促土耳其"继续进行必要的宪法改革和刑法改革"，如果改革的步伐停止，欧盟将冻结当年的

---

[1] 楚哈尔·耶西尔尤尔特·居恩迪茨. 欧盟对土耳其民主化的影响[J]. 世界经济与政治，2005（3）.

[2] 哥本哈根标准的主要内容包括：实现国家稳定并以此作为维护民主和法律秩序的基础，在选举方面保障人权，保护少数民族；坚持有效率的市场经济，在联盟内部继续发挥市场的力量和竞争的作用；承担成员国相应的义务，坚持政治联盟和货币联盟所确定的目标。参见：楚哈尔·耶西尔尤尔特·居恩迪茨. 欧盟对土耳其民主化的影响[J]. 世界经济与政治. 2005（3）.

财政援助项目。❶1999年,土耳其成为欧盟正式候选成员国。此后欧盟在土耳其制定经济和政治改革政策时开始发挥更大的作用。换言之,土欧关系有助于土耳其完成艰难的经济改革进程,有助于国际货币基金组织战胜抵制和反对改革的力量。从某种意义上讲,市场成为政治改革的工具,政治改革反过来又增强了国内外对土耳其投资环境的信心。❷

20世纪90年代末开始,欧盟对土耳其民主改革的影响主要通过评估报告得到体现。从1998年开始,欧盟人权委员会每年都会出具一份有关候选国进展情况的评估报告,土耳其每次都被要求解决人权领域存在的问题,如采取措施制止刑讯逼供、认真考虑国家安全委员会所扮演的角色、认真考虑土耳其军队的影响等。❸作为回应,土耳其1999年在修改有关人权内容的宪法和法律方面采取了积极的步骤:宪法法院废除了一项授权警察向不听警告的人直接开枪的法律规定;修订了部分刑法条款,对"折磨、虐待、滥用权力"重新进行了定义,规定对滥用权力的官员或起草假报告的医疗人员进行更严厉的惩罚;通过了一个推迟检控和处罚"通过新闻和广播实施犯罪"的法律。2000年8月,土耳其就人权问题签署了两个重要的国际协议,分别是《公民权利和政治权利国际公约》及《经济、社会和文化权利国际公约》。此外,警察学校从1999—2000学年起开展人权教育。2000年3月,最高法院(Yargıtay)确认土耳其公民,包括库尔德人,有权给自己的孩子选择名字。

2002年年底,欧盟召开哥本哈根会议,重申土耳其是候选国,对土耳其为达到哥本哈根标准而采取的重要步骤给予了积极肯定,宣布将于2004

---

❶ 楚哈尔·耶西尔尤尔特·居恩迪茨. 欧盟对土耳其民主化的影响 [J]. 世界经济与政治, 2005 (3).

❷ Ziya Öniş, Caner Bakir. Turkey's Political Economy in the Age of Financial Globalization: The Significance of the EU Anchor [J]. South European Society & Politics, 2007, 12 (2):147-164.

❸ 楚哈尔·耶西尔尤尔特·居恩迪茨. 欧盟对土耳其民主化的影响 [J]. 世界经济与政治, 2005 (3).

年12月开始与土耳其就入盟问题进行谈判。由于明确了入盟谈判的日期，因此这次会议对土耳其来说有特别重要的意义。❶

第二，欧盟为土耳其的修宪设定指南。土耳其学者阿里·卡拉奥斯曼奥卢（Ali Karaosmanoğlu）认为，1983年开始土耳其即进入了漫长的民主巩固进程，虽然它在政治上、军事上与西方结盟，但地缘政治使其处于非常不利的环境。另外，土耳其对库尔德工人党的打击行动也使土欧关系复杂化，被指责违反了民主原则和人权。❷ 在欧盟的压力和主导下，土耳其进行了大量法律修订。总的来看，土耳其在欧盟框架内进行的法律修订可分为三个阶段。

第一阶段（1987—1991年），修订法律以扩大政治参与、保障人权。1987年5月，土耳其出台了3261号法，拟取消禁止前政党领导人从事政治活动的禁令。9月6日土耳其就该法举行全民公决，结果该法以50.1%的支持率得以通过。这次修订使土耳其的宪法变得更加灵活，不仅扩大了公投范围，还增加了公众的修宪权利，规定有效票数达到简单多数即可修宪。1989年1月，土耳其议会召开会议，讨论删除刑法部分条款，取消对公民参与政治活动的限制，以期达到《欧洲人权公约》的标准。1991年，政府释放了大批政治犯，显示了土耳其进行民主化改革和加入欧洲主流社会的强烈愿望。❸ 同年，土耳其还成立了专门的人权保障部门，联合政府也制定了民主化方案，拟对刑法进行全面修订以向欧共体标准靠拢。

第二阶段（1991—2000年），进一步扩大政治参与和人权自由、削弱军队影响。1991—1995年是土耳其走向关税同盟的标志性时期。欧洲议会

---

❶ Ergun Özbudun, Ömer Faruk Gençkaya. Democratization and the Politics of Constitution-Making in Turkey [M]. Budapest: Central European University Press, 2009:81-94.

❷ Ali L Karaosmanoğlu. The Limits of International Influence for Democratization [M]//Metin Heper, Ahmet Evin. Politics in the Third Turkish Republic. Corolado: Westview Press, 1994:117-131.

❸ 楚哈尔·耶西尔尤尔特·居恩迪茨. 欧盟对土耳其民主化的影响 [J]. 世界经济与政治. 2005（3）.

提出，与土耳其缔结关税同盟条约必须以土耳其国内的人权状况为基础。为达到欧洲议会标准并使关税同盟谈判能够在1995年年底取得实质性进展，土耳其做出了极大努力。1991年10月议会选举后，祖国党政府下台，正确道路党和社会民主人民党联合政府上台。由于这两个政党在竞选时都批评过1982年宪法，因此人们对激进的宪法改革充满期待。1993年，土耳其议会修订了宪法第133条，国家取消了对广播和电视的垄断，广播和电视台的私有化从此得以快速发展。❶

1995年7月，土耳其议会通过了15条修宪提案，其主要内容包括：取消1982年宪法序言中两段阐述1980年军事政变的必要性和合法性的内容；取消禁止商会、协会、基金会、合作社、公共专业组织从事政治活动的规定，允许政党与这些公共社会机构进行政治合作；将投票年龄降低到18岁；将大国民议会议员人数从450人增加到550人；允许海外公民投票；承认公职人员组织工会的权利，但不允许罢工或签订集体协议；允许大学教师和学生参加政党，将参加政党的年龄从21岁降到18岁；允许政党在国外建立妇女和青年分支机构、基金会和组织。另外，有关议员资格的规定也改变了，变更党派不再导致失去议员资格。而且，如果某个政党因违宪行为被宪法法院取缔，只有那些因自己的言行导致这一裁定的议员失去资格，其他议员的代表资格则不会受到影响。厄兹布同认为，1995年的修宪意义重大，在某种程度上限制了取缔政党的理由；不过1995年的修宪主要涉及政治参与内容。❷

1999年2月，大国民议会通过了一项决议，对国家安全法庭❸进行改革，将其法官和检察官文职化。12月，欧洲理事会接受土耳其为欧盟候选成员

---

❶ Ergun Özbudun, Ömer Faruk Gençkaya. Democratization and the Politics of Constitution-Making in Turkey [M]. Budapest: Central European University Press, 2009:35.

❷ Ergun Özbudun, Ömer Faruk Gençkaya. Democratization and the Politics of Constitution-Making in Turkey [M]. Budapest: Central European University Press, 2009:38—40.

❸ 国家安全法庭是1973年修宪时最早被引进土耳其法律体系的，处理涉及国家领土和民族的完整与统一、自由民主秩序的犯罪，以及直接涉及国家安全的犯罪。国家安全法庭由文官和军人法官、检察官组成。

国，并为土耳其入盟制定了短期和中期目标，要求土耳其明确实现这些目标的时间表。

2000年6月，土耳其修订了国家安全法，以民事审判员代替军事审判员。同年11月，对刑法部分条款进行了修订，虐待被捕者将受到更严厉的惩罚，同时还对逮捕权进行了限制。另外，土耳其大国民议会人权委员会还针对警察和审讯技术出台了一项规定。❶

第三阶段（2001—2004年），向自由化和民主化迈进。土耳其2001年的修宪是对1982年宪法最大的一次改动，议会各政党的协商委员会为此进行了密切协商。此次修订共包括34条内容。另外，为了与欧盟法律接轨，除了有关新民法、刑法、刑事诉讼程序法、协会法等在内的立法改革，土耳其大国民议会从2002年2月至2004年7月先后通过了9个协调方案，旨在扩大土耳其的言论自由、取消死刑、防止折磨和虐待、改变国安会的结构和功能及文军关系等。

在众多协调方案中，最值得注意的是第七个协调方案，因为它涉及国安会的结构和功能及文军关系。该方案第24条规定，总理可授权一位副总理向部长委员会提交国安会的意见，如部长委员会批准这些决定，则由该副总理负责协调实施。在此之前，这一责任一直是由国安会秘书长行使的。另外，第25条将国安会开会时间由每月一次改为每两个月一次。第26条剥离了国安会秘书长的行政权力，将其权力基本限于秘书事务。第27条规定，国安会秘书长既可以像以前那样由高级军官担任，也可由高级文官担任。第28条规定，国安会秘书处职能应通过政府白皮书公布，从而取消了保密条款，加强了秘书处活动的透明性。另外，第七个协调方案还使审计部门可以对军方财产进行监督。第七个方案第6条规定，军事犯罪法第58条规定的罪行如果是非军人在和平时期犯下的，将不再由军事法庭审理。❷

---

❶ 楚哈尔·耶西尔尤尔特·居恩迪茨. 欧盟对土耳其民主化的影响 [J]. 世界经济与政治. 2005（3）.

❷ Ergun Özbudun, Ömer Faruk Gençkaya. Democratization and the Politics of Constitution-Making in Turkey [M]. Budapest: Central European University Press，2009:73-79.

土耳其在 2001 年修宪时第一次限制了死刑，2004 年修宪时完全禁止死刑。第九个协调方案取消了刑法和其他刑事法中有关死刑的引用。❶居恩迪茨认为，对宪法的修订和协调方案的出台表明，土耳其对欧盟的要求和批评做出了积极回应。❷

二、国际货币基金组织

从 20 世纪 80 年代起，土耳其开始实行国际货币基金组织和世界银行监督下的经济自由化政策。尽管是在经济领域实施自由化政策，但其产生了不容忽视的政治和社会影响。正如李其庆所言，任何一个经济过程同时也是一个社会—政治过程。用马克斯·韦伯的话说，"经济政策科学就是政治科学"❸。在土耳其，经济自由化导致收入不平等和极化现象加剧，使强调社会和经济公正的伊斯兰运动的影响得到了加强。❹

土耳其是一个新兴的地区大国，又是北约成员国，拥有独特的地缘战略位置；经济方面，20 世纪 90 年代中期土耳其人均年收入 3200 美元，对于跨国公司来说土耳其是一个极具吸引力的潜在出口市场。❺这些条件有助于土耳其获得国际货币基金组织和世界银行的贷款。土耳其的经济自由化始于 20 世纪 80 年代，军政权、文官政府先后坚定地投身于自由化项目中。1980 年启动自由化项目的是从国际货币基金组织返回土耳其的厄扎尔，20 年后，世界银行副行长戴尔维什又应政府之邀返回土耳其，负责自由化项目。1998 年，土耳其签署了《密切跟踪协议》，经济活动因此受到国际

---

❶ Ergun Özbudun，Ömer Faruk Gençkaya. Democratization and the Politics of Constitution-Making in Turkey [M]. Budapest: Central European University Press，2009:77–79.

❷ 楚哈尔·耶西尔尤尔特·居恩迪茨. 欧盟对土耳其民主化的影响 [J]. 世界经济与政治. 2005（3）.

❸ 李其庆. 全球化背景下的新自由主义 [J]. 马克思主义与现实. 2003（5）.

❹ Mehmet Odekon. The Costs of Economic Liberalization in Turkey [M]. New Jerzey: Rosemont Publishing & Printing，2005:18.

❺ Mehmet Odekon. The Costs of Economic Liberalization in Turkey [M]. New Jerzey: Rosemont Publishing & Printing，2005:28.

货币基金组织和世界银行的监督。土耳其实施新自由主义改革的目标是改变土耳其经济现状、改变政府的作用。尽管这些改革有时会陷入停滞，但也取得了很大进展。❶

国际货币基金组织在土耳其改革初期主要致力于汇率和价格稳定：1980—1982 年着力于通胀和经常账户赤字的治理，1983 年后则更注重以自由市场为导向的结构性改革和出口鼓励。1984 年，政府着手考虑国企私有化问题，国营旅游银行（旅游银行）和国营航空公司（土耳其航空公司）被列入第一批私有化项目。20 世纪 80 年代后半期，经与国际货币基金组织和世界银行协商，反通胀和稳定价格问题再度成为以市场为导向的结构性调整的重点。厄扎尔执政的最初几年自由化取得了一些成果，1987 年后则陷入了一系列危机。

为保证结构性调整取得成功，国际货币基金组织和世界银行为土耳其提供了相当可观的援助。1980 年 6 月，国际货币基金组织与土耳其签署了为期三年的备用协议，涉及 12.5 亿单位特别提款权；1983 年和 1984 年又分别签署了为期一年的备用协议，分别为 2.25 亿单位特别提款权。1980—1985 年，世界银行向土耳其提供了 16 亿美元的贷款以支持其国内结构性改革，改革涉及领域十分广泛，从工业结构的合理化到公共金融领域，从外债管理体系到金融行业重组等。土耳其还从经合组织财团和私人信用机构得到了债务减免和债务重组方面的支持，获得了超过 60 亿美元的债务减免，这对处于稳定计划初始阶段的土耳其具有非常重大的意义，既减少了它对外汇的需求，也为其经济发展提供了急需的喘息空间。❷

1989 年，土耳其开始出现宏观经济失衡，并最终引发 1991 年的支付平衡危机。1993 年，土耳其的金融危机升级。为了解决上述危机，土耳

---

❶ Faruk Ataay. Neoliberalizm Ve Muhafazakar Demokrasi: 2000'li Yıllarda Türkiye'de Siyasal Değişimin Dinamikleri [M]. Ankara: De K' Basım Yayım，2008:104–105.

❷ Rüştü Saracoğlu. Liberalizaiton of the Economy [M]//Metin Heper，Ahmet Evin. Politics in the Third Turkish Republic. Corolado: Westview Press，1994:69–70.

其政府于1994年4月宣布了经济稳定计划，并再度向国际货币基金组织申请支持。同年7月，国际货币基金组织批准了对土耳其的备用协议，同意在14个月内向其提供5.93亿单位特别提款权贷款。该协议是土耳其自1947年加入国际货币基金组织以来与其签署的第16个备用协议。1994年年底，由于土耳其未能实现预期目标，国际货币基金组织重新与其讨论了计划和意向书，并延长了备用协议的期限，增加了贷款数额。尽管其为贷款数额设立了最高57%的上限，但这表明国际货币基金组织仍然对土耳其援助持积极态度。

1999年9月至2002年6月，土耳其与国际货币基金组织签署了13份意向书。在此期间，私有化项目取得了一些进展，将国营企业整体出售给国内外私企，部分项目将垄断权力从国家转移至私人企业。1998年，私有化收入从上一年的4.65亿美元上升到21亿美元。国际货币基金组织对土耳其政府坚定执行结构性改革的态度感到满意，2002年2月增加了120亿美元的贷款，从而将贷款总额提高到了310亿美元，使土耳其成为国际货币基金组织的最大受益者。❶

2001年2月的危机之后，土耳其进一步深化新自由主义改革。欧盟、国际货币基金组织和世界银行一直是推动土耳其机构改革的主要外部力量。❷

土耳其与国际货币基金组织的关系总体来说是积极的，当遇到经济危机时，土耳其总是得到及时帮助。自1947年加入国际货币基金组织，土耳其平均每三年签署一个备用协议，已经习惯于与国际货币基金组织的共存状态。唯一的例外是1986—1993年，土耳其没有向国际货币基金

---

❶ Mehmet Odekon. The Costs of Economic Liberalization in Turkey [M]. New Jerzey: Rosemont Publishing & Printing, 2005:32–39.

❷ Ziya Öniş, Caner Bakir. Turkey's Political Economy in the Age of Financial Globalization: The Significance of the EU Anchor [J]. South European Society & Politics. 2007, 12 (2): 147–164.

组织寻求支持❶，特别是1988年、1989年和1991年，土耳其已经能够治理本国经济。有学者指出，与国际货币基金组织的积极关系对于土耳其战胜20世纪80年代初的经济危机发挥了重要作用。不过，尽管在遇到支付平衡危机的任何一个时期土耳其都能得到国际货币基金组织的支持是一件好事，但是如此频繁地签署备用协议反过来也证明了土耳其未能永久性地解决支付平衡问题。❷

自20世纪80年代开始，土耳其在国际货币基金组织和世界银行等国际机构的支持下进行的经济自由化改革，对土耳其的政治和社会都产生了深远的影响。

首先，经济自由化改革导致土耳其政治权力结构的改变和政府职能的变化。土耳其政府于1980年1月24日出台的方案是军事政变前通过的，是执行国际货币基金组织和世界银行贷款的"条件条款"，可以说是一种意识形态的转变，从进口替代政策转向出口导向政策。阿塔索伊认为，土耳其这种以新自由主义重构为特点的发展模式，不仅是为了改变土耳其经济发展的模式，也是为了重构土耳其政治权力结构。❸

为了实现经济的市场化和自由化，土耳其实施了结构性改革。土耳其学者法鲁克·阿塔阿依（Faruk Ataay）提出，结构性改革计划并非如新自由主义所说，是为了保证实现经济发展和宏观经济平衡，而是为了帮助资本寻找新的投资领域。结构性改革计划最直接的结果就是，在经济和社会政策的确定过程中，资本的作用得到了极大加强，国家对经济的干预朝

---

❶ 1985年上半年，在与国际货币基金组织的协议中土耳其有5700万单位特别提款权并未使用。土耳其认为没有必要把所有提款权都用完，便退出了协议，并且在1994年前都没有利用国际货币基金组织提供的机会。1990年年底前，由于土耳其退回了基金及因此产生的费用，所以处于给国际货币基金组织付钱的状态。

❷ Mahfi Eğilmez. İMF, Dünya Bankası Ve Türkiye [M]. İstanbul: Creative Yayıncılık ve Tanıtma，1996:59–63.

❸ Yildiz Atasoy. Islam's Marriage With Neoliberalism–State Transformation in Turkey [M]. London: Palgrave macmillan，2009:76.

着有利于资本的方向重新调整,劳动阶层的收入减少。中央政府从"生产者"变为"调整者",政府的部分职责转移到一些高级调整性机构,如金融调整和管理委员会(BDDK),以及涉及能源、电信、烟草等行业的相关机构。随着中央银行实现自治,经济和社会政策的决策朝着由国际资本组织和投资公司参与的管理体制方向发展。以上种种安排,就是为资本政策赢得合法性。❶

1991—2002 年,土耳其社会的总体特点是:在经济和社会政策上,由国际货币基金组织、世界银行及国内的经济官僚做决定;在政治上,则是国安会、总统和高级法官做决策。也就是说,"军队监护政治"和"技术管理"倾向占据了主导地位。

其次,经济自由化导致土耳其社会各阶层的重新定位。阿塔索伊认为,从 20 世纪 80 年代早期开始,新自由主义便伴随着一种涉及资本力量、公民社会、文军权力关系变化的不确定性。各个公民社会组织和运动都在为权利而争,以求重新诠释现实、重塑文化及重新自我定位。虽然祖国党并不是一个伊斯兰政党,但在厄扎尔领导下,祖国党建立了广泛的联盟,并且认为土耳其的经济发展项目应该建立在道德或文化力量和伊斯兰的合法性基础之上。祖国党内出现了强大的亲伊斯兰派别,这对于在穆斯林文化观念与新自由主义发展项目之间建立联系是至关重要的。❷

奥戴孔认为,军队在土耳其经济自由化进程中的作用值得注意。军队在土耳其经济发展中一直扮演着活跃的角色,参与私人企业商品的生产,如汽车。可以说,土耳其军队直接参与国家的生产、拨款、分配等经济决定。在 1980 年之后的自由化和全球化时代,军队努力保持政治和经济权力,

---

❶ Faruk Ataay. Neoliberalizm Ve Devletin Yeniden Yapılandırılması–Türkiye'de Kamu Reformu Üzerine İncelemeler [M]. Ankara: De Ki Basım Yayım,2006:20–24.

❷ Yildiz Atasoy. Islam's Marriage With Neoliberalism–State Transformation in Turkey [M]. London: Palgrave macmillan,2009:77–107.

维护自己的财产。❶20 世纪 80 年代初期，土耳其教团和社团得到了祖国党政府和军队的许可，积极参与到新自由主义制度化进程中，包括纳克什班迪教团、努尔朱社团、"居兰运动"等。一些安纳托利亚小城的企业家、伊斯坦布尔的大企业家及包括来自安纳托利亚普通家庭但受过高等教育的穆斯林专业人士、城市穷人和其他被边缘化的人在内的社会各阶层也参与到自由化进程中来，他们都希望在国家因新自由主义政策而重构的过程中重新定位。❷

再次，经济自由化催生了一个富裕的新兴企业家阶层，却压制了经济民主。1983 年厄扎尔上台前，进口替代政策要求工业家与政府保持密切关系。但是，土耳其开始实施出口导向的自由市场政策后，这种关系发生了急剧变化，一些成功的私人企业家占据了管理层的关键位置。土耳其商界与外界的联系加大了，他们积极开拓关系，开发外国市场。这些变化使土耳其新兴企业家阶层在制定政策方面更有话语权、更具攻击性，新兴企业家成为土耳其现代化和民主化进程中一支有影响的力量。❸

奥戴孔认为，土耳其从来都没有过经济民主。资本驱动的经济自由化能够促进政治自由化和民主，甚至能够促进基本的个人权利，却有意否认经济民主。经济民主意味着工人参与有关生产、拨款、分配的决策，但当代经济和政治自由化的发展牺牲了经济民主，系统地向着有利于全球资本、将工人边缘化的方向发展。在这方面土耳其是典型的例子。20 世纪 80 年代厄扎尔经济改革和政策的主要目标是减少国家的作用、增加私企的作用，改革聚焦于经济层面，未涉及政治领域和个人权利。从 1980 年起，土耳其政府一直认为劳动者是经济自由化的障碍，因而对他

---

❶ Mehmet Odekon. The Costs of Economic Liberalization in Turkey [M]. New Jerzey: Rosemont Publishing & Printing，2005:140.

❷ Yildiz Atasoy. Islam's Marriage with Neoliberalism-State Transformation in Turkey [M]. London: Palgrave macmillan，2009:107-108.

❸ Mehmet Odekon. The Costs of Economic Liberalization in Turkey [M]. New Jerzey: Rosemont Publishing & Printing，2005:143-144.

们采取高压政策，工会长期被排除在经济和政治生活之外，这严重限制了土耳其的民主化进程。[1]

最后，经济自由化导致严重的社会问题。土耳其政府从20世纪80年代起积极推行国际货币基金组织的自由化项目，努力向市场经济转型，但由于缺少长期出口促进战略，以及资本账户自由化所导致的投机性短期资本流入等原因，土耳其自由化政策的成果有限，通胀和失业率居高不下，改善支付平衡的尝试受到限制，农业部门的发展也受到西方工业化国家的控制。

奥戴孔认为，从商业利益与民主和人权关系的角度来看，土耳其案例与西方国家不同。在西方国家，政府与企业家之间的冲突导致人权观念进入价值体系，而在土耳其，对人权和民主的要求却从未导致政府与企业家之间出现冲突，新兴企业家总是十分小心，以避免失去政府的支持。另外，市场经济和工业化导致西方出现了力量强大的中产阶级，他们成为人权的主要受益人和支持者。而在土耳其，厄扎尔的经济政策，特别是已经成为土耳其经济中"永久因素"的高通胀率和高失业率，却损害了中产阶级和劳动阶层的利益，加剧了土耳其国内的贫困和不平等状况。经济差距的加大导致税收减少，卫生、教育和失业福利的投资相应不足。[2]国际货币基金组织和世界银行等国际金融机构不断要求土耳其深化经济改革，要求政府采取更加节俭的计划，这导致普通百姓的利益被牺牲。简而言之，国际货币基金组织和世界银行推行的亲商业、亲多边、亲投机者的政策，使土耳其国内的不平等和贫穷程度不断加深。[3]社会和经济上的不平等增强了土耳其宗教团体的影响力，劳动人民对政府普遍感到不满，他们被持民粹主义意识形态的右翼政党所吸引，而右翼政党上台后不履行承诺，百姓又

---

[1] Mehmet Odekon. The Costs of Economic Liberalization in Turkey [M]. New Jerzey: Rosemont Publishing & Printing, 2005:142–143.

[2] Mehmet Odekon. The Costs of Economic Liberalization in Turkey [M]. New Jerzey: Rosemont Publishing & Printing, 2005:144–145.

[3] Mehmet Odekon. The Costs of Economic Liberalization in Turkey [M]. New Jerzey: Rosemont Publishing & Printing, 2005:125–131.

不得不转向其他政党。这种情况导致政治不稳定。❶

在30多年的经济改革中，土耳其经济不断向市场经济转型，国家对经济活动的参与度逐渐减少。尽管如此，土耳其仍发生了多次严重的经济危机，其中2000—2001年的危机导致国内生产总值下降了9.4%。危机中，穷人、工薪阶层及中小企业主们付出了高昂的代价，很多受过良好教育的技术工人失业，小型企业的破产率飙升。土耳其第一次出现了工匠、店主、小企业主上街游行的情况，强烈反对新自由主义政策。正发党就是在这样严重的经济危机中走上政治舞台的。❷

---

❶ Faruk Ataay. Neoliberalizm Ve Muhafazakar Demokrasi: 2000'li Yıllarda Türkiye'de Siyasal Değişimin Dinamikleri [M]. Ankara: De K' Basım Yayım, 2008:78-79.

❷ Yildiz Atasoy. Islam's Marriage With Neoliberalism-State Transformation in Turkey [M]. London: Palgrave macmillan, 2009:109.

第二章

正发党的制度设计

第二章　正发党的制度设计

在政治生活中，制度对政治结果的形成往往具有决定性的意义。制度是政治选择的结果。从某种意义上讲，制度本质上是偏好的凝结，是人们的偏好集中后稳定下来的产物，是人们共同选择的产物。制度一旦稳定下来，就会对政治行为者的选择产生重要影响，既创造了行为者活动的动力，也限制了行为者活动的范围。❶

正发党自 2002 年年底上台执政，一开始便身陷各种矛盾之中，因此它一直将自己的身份定义为保守的民主政党，想要改革政治体制及国家与社会的关系。❷ 为确保合法地留在政治舞台上，正发党非常注重制度设计。这方面的工作涉及法律的修订、制定新宪法的努力，将政府体制从议会制转为总统制的努力，以及政党制度和选举制度。

第一节　法律修订

宪法和法律是最根本的制度安排，是制定国家政策的依据。制度决定着各种团体的政治偏好是如何被加总为社会选择的，持久性和影响未来权力分配的能力使制度作为一种承诺机制具有重大意义。制度的重要性在于它们影响法定政治权力的未来分配；政治行动者之所以要控制和改变制度，

---

❶ 陈尧. 新兴民主国家的民主巩固 [M]. 上海：上海人民出版社，2010:90.

❷ M. Hakan Yavuz. Introduction: The Role of the New Bourgeoisie in the Transformation of the Turkish Islamic Movement [M]//M. Hakan Yavuz. The Emergence of a New Turkey-Democracy and the AK Parti. Salt Lake City: the University of Utah Press，2006:10.

是因为他们要锁定他们当前的政治权力。❶正发党在 2002 年竞选时声称自己是保守的民主党，为了加强执政合法性，正发党一上台即借助入盟要求，着手修订宪法及其他法律，削弱军队的政治影响力，减少凯末尔主义精英的司法影响力，从而成功地巩固了自己的执政地位。

一、修订法律

土耳其现行宪法自 1982 年出台至 2002 年的 20 年间共修订过 8 次，平均每两年半修订一次。而正发党上台后，仅在 2002—2010 年这 8 年间就 14 次提出修宪案，并且有 9 次成功修宪，共修订了 83 条内容。❷埃尔多安当选议员不久，由正发党代表提出的修宪草案即于 2003 年 3 月提出。其中，第一个提案是将竞选议员的最低年龄从 30 岁降至 25 岁；第二个提案是允许私人经营国家森林；最有争议性的第三个提案是，重写宪法第 170 款，允许出售 1981 年 12 月 31 日前从技术和理论上都不再是森林的公共土地❸。实际上，此次修宪提案可谓经过了"精心安排"，因为第一条有关降低选举年龄的提案与出售森林毫无关系，但正发党却要求对这几个提案进行整体投票。1982 年宪法第 175 款第 7 段规定："土耳其大国民议会在通过有关修宪的法律时，如果需要将法律送交全民公决，必须决定拟修订的宪法条款中哪些需要整体投票，哪些是分别投票的。"❹也就是说，修宪提案是否整体投票是由议会决定的。正发党之所以选择整体投票，就

---

❶ 达龙·阿塞莫格鲁，詹姆士·A.罗宾逊.政治发展的经济分析——专制和民主的经济起源[M].马春文，等，译.上海：上海财经大学出版社，2008:156-191.

❷ Ali Rıza Aydın. AKP Anayasayı 8 Kez Değiştirdi [EB/OL].（2010-07-09）[2014-11-12]. http://www.odatv.com/n.php?n=referandumda-aslinda-neyi-oylayacagiz-0709101200.

❸ 正发党议员称"这些已经不再是森林的土地应该重新评估，让它们为国家经济和森林居民变富裕做贡献"。

❹ Levent Gönenç, Ersoy Kontacı. Yaşayan Anayasa 2003 Ve 2004 Yılları Anayasa Gelişmeleri [EB/OL].（TBB Dergisi. 2005，61）[2014-10-08]. http://tbbdergisi.barobirlik.org.tr/m2005-61-184.

是希望如果提案被总统否决并送交全民公决时，公民会因为同意降低竞选议员年龄这一条而对整个提案投赞成票。

2003年为出售非森林用地，正发党先后三次提出修宪，三次都被总统打回，前两回是打回议会重审，第三次是打到宪法法院，因此并没有送交全民公决。正发党政府想要通过出售非森林用地获得250亿美元收入的目标也因此未能实现。❶ 不过，这次修宪努力表明，正发党充分相信自己的拉票能力，相信可以凭借在议会的多数席位得到自己想要的任何结果。事实也是如此，多数情况下正发党都凭借在议会的多数议席实现了自己的愿望。

2004年5月，正发党提交给议会一份一揽子修宪提案。从本质上讲，该提案是土耳其为适应入盟进程继续进行的改革，是土耳其自由化和民主化进程的重要一步。除了完全废除死刑，修宪内容还包括加强性别平等、废除有争议的国家安全法庭、向审计法院公开军队开支、清除高教委中的军队成员等。另外，提案还对宪法第90条进行了修订，在有关基本权利和自由方面，当国内法律与国际协定发生冲突时，将优先执行国际协定。2004年的修宪得到了国家各派力量的支持，特别得到了伊斯坦布尔和以安纳托利亚为基础发展起来的新资本联盟的支持。❷ 值得一提的是，此次修宪是继2001年修宪后削弱军队政治影响的又一次努力，对土耳其的民主化进程产生了深远影响。2001年的修宪及之后的改革消除了军队的一些宪政特权，遏制了军队在土耳其政治中的作用。正发党认为这些改革都是他们为振兴和巩固土耳其民主做出的贡献。❸

2007年，土耳其发生了著名的总统选举危机，从居尔被提名为总统候

---

❶ Ergun Özbudun, Ömer Faruk Gençkaya. Democratization and the Politics of Constitution-Making in Turkey [M]. Budapest: Central European University Press, 2009:64-68.

❷ Ergun Özbudun, Ömer Faruk Gençkaya. Democratization and the Politics of Constitution-Making in Turkey [M]. Budapest: Central European University Press, 2009: 64-68.

❸ Zeyno Baran. Torn Country: Turkey Between Secularism and Islamism [M]. Stanford: Hoover Institution Press, 2010:54.

选人开始，包括军队和司法机构在内的凯末尔主义国家精英、共和人民党及塞泽尔总统便形成了统一战线，他们视"总统"职位为保卫凯末尔主义的堡垒。在长达数个月的斗争中，凯末尔主义者与正发党进行了多次交手，但最终正发党胜出，居尔当选为土耳其第十一任总统。

土耳其法学家、曾任最高法院共和国首席检察官的萨米·塞尔柱（Sami Selçuk）认为，2007年总统选举危机是一个法律问题，根本问题在于对宪法条款的不同解释。很多法学家与宪法法院对102款的解读不一样。宪法法院做出的"367票"决定，是以一种前所未有的方式解释宪法第102款，这一决定让人质疑宪法法院在宪政民主中应该承担的角色。不过最后是由宪法法院说了算，因此结果当然会是政治性的。❶

本书认为，2007年总统选举危机是凯末尔世俗主义精英针对正发党采取的一次"集体行动"，其初衷是为了维护土耳其的世俗主义性质，因此他们并不在意这样做是否损害了民主。2007年的这次集体行动，可谓凯末尔主义精英相对于政治伊斯兰力量最后一次有影响力的抗争，但仍以失败而告终。另外，为了巩固自己的执政合法性，正发党政府在总统选举过程中"据理力争"。可以说，正发党借助于选举民主，利用民众的支持战胜了凯末尔主义国家精英。

2008年，正发党联合民族行动党和民主社会党（DTP），提出对1982年宪法的第10款和第42款进行修改，取消大学实行多年的头巾禁令❷，扩大教育自由。此次修宪提案虽然遭到共和人民党强烈反对，但在议会通过了。不过，宪法法院于2008年6月却以违反世俗主义原则为由做出了取消修宪的决定。

正发党第一个任期内没有进行过取消头巾禁令的尝试。不过埃尔多安

---

❶ Engin Şahin. Siyaset Ve Hukuk Arasında Anayasa Mahkemesi [M]. İstanbul: İz Yayıncılık, 2010:105–107.

❷ 头巾禁令可以追溯到20世纪80年代，大学不允许女生戴头巾进入学校，国家机构和部分私人机构也不允许女性戴头巾。20世纪80年代末90年代初，祖国党曾多次尝试取消头巾禁令，均未成功。

及其他发言人常说，取消头巾禁令是有社会共识的❶，只是尚未形成机构共识，显然这里的机构指的就是反对党共和人民党、军队和司法部门。正发党政府第一个任期内休眠的头巾问题，在2008年年初突然变成政治议程中的头号问题。埃尔多安在马德里的一个新闻发布会上称，头巾禁令应该取消，没必要等到新宪法出台，这个问题应该用"一句话"的修宪来解决。❷ 正发党的态度之所以出现这样的变化，是由于经过2007年议会选举和总统选举，其执政合法性和信心加强，认为已经有实力取消中右翼政党多年来致力于解决的头巾禁令。此次修宪努力对土耳其后来政治进程的发展产生了比较大的影响，这次失败使正发党意识到掌握司法权力的重要性，由此才引出了2010年为改变司法机构人员配置而进行的修宪公投。2010年3月，正发党宣布了一揽子修宪草案，草案内容很多，可分为三个主要部分。

第一部分有关军队，如取消宪法第15条临时条款，该款规定"9·12"时期国安会成员及在当时组建的军政府和最高上诉法院任职的人员免于被审判。取消该款规定意味着1980年"9·12"政变的负责人及高级官员也有可能接受审判。另外，提案还要求军人犯下的部分罪责可以通过文职法庭审理，军事法庭不得审理文职人员案件，除非是战争时期；高级军事委员会和武装部队开除的人可以被审判；总参谋长、议长、各军种司令也可以在最高法庭（Yüce Divan）受审。❸

第二部分涉及宪法法院的构成，草案提出普通公民可以向宪法法院提起诉讼。在此之前，只有法院、主要反对党或议员❹以集体形式向宪法法

---

❶ 民意调查显示，1999年有76.1%的人赞成女生戴头巾进入大学，2006年有71.1%的人赞成。

❷ Ergun Özbudun, Ömer Faruk Gençkaya. Democratization and the Politics of Constitution-Making in Turkey [M]. Budapest: Central European University Press，2009:108-109.

❸ Referandumda Neyi Oylayacağız? [EB/OL].（2010-08-12）[2014-06-10]. https://www.ntv.com.tr/turkiye/referandumda-neyi-oylayacagiz,Y3_mXUnr4EKd4PzWex4cvw.

❹ 议员人数需要达到110名以上。

院提出诉讼；宪法法院的法官最长可任职 12 年，不得连任，未满 12 年即达到 65 岁的法官必须退休。❶ 另外，宪法法院取消修宪提案和取缔政党的权力也受到限制，规定取消修宪、取缔政党及取消国家对政党的补助的决定需得到议会 2/3 的选票方可通过❷，而在此之前只需要 3/5 的选票。

第三部分同时也是最重要的一点，改变法官和检察官的任免方式，减少司法和官僚的压力，加大正发党对司法机关的影响。正发党宣布的这个一揽子修宪草案一共有 26 条内容，尽管反对党和社会组织呼吁就修宪提案分别投票，但正发党坚持对提案进行整体投票，这表明其他改革提案只是作为民主门面加进去的。❸ 此次修宪的主要目的是改变宪法法院和法官检察官高级委员会（Hakimler ve Savcılar Yüksek Kurulu），后来的事实证明，这一改变对土耳其的政治生活产生了重大影响。

宪法法院是根据 1961 年宪法创立的机构，其最重要的职责是负责最高法院的审判和取缔政党。土耳其 1982 年宪法对宪法法院有详细规定。❹ 由于能够对政治产生影响，并且其决定是最终决定，宪法法院在法律体制中处于关键位置。❺ 因此，宪法法院成员的构成非常重要。正发党政府

---

❶ Referandumda Neyi Oylayacağız? [EB/OL].（2010-08-12）[2014-06-10]. https://www.ntv.com.tr/turkiye/referandumda-neyi-oylayacagiz,Y3_mXUnr4EKd4PzWex4cvw.

❷ Kemal Gözler. Türk Anayasa Hukuku Sitesi[EB/OL]. [2014-10-08]. http://www.anayasa.gen.tr/5982.html.

❸ Ali Murat Özdemir. Fragments of Changes in The Legal System in the AKP Years: The Development and Reproduction of a Market Friendly Law [M]//Simten Coşar, Gamze Yücesan-Özdemir. Silent Violence: Neoliberalism, Islamist Politics and the AKP Yeasr in Turkey. Ottawa: Red Quill Books, 2012:93-122.

❹ 宪法法院由 11 名正式法官和 4 名后备法官组成，总统任命 2 名正式法官和 2 名后备法官，最高法院任命 2 名正式法官和 1 名后备法官；3 名正式法官和 1 名后备法官由高级官员和律师选举产生，其余的法官则分别由最高行政法院、最高军事法院、高级军事执行法院和审计法院、高教委推荐和选举产生。

❺ Engin Şahin. Siyaset Ve Hukuk Arasında Anayasa Mahkemesi [M]. İstanbul: İz Yayıncılık, 2010:65-73.

第二章　正发党的制度设计

声称，为了使宪法法院变得更加民主，应该改变其成员来源。2010年修宪提案涉及宪法法院的架构，具体内容包括：取消后备法官制度，将正式法官人数增加到17个，议会任命3人，其余的14名法官分别由高级法院、最高行政法院（Danıştay）、高级军事法院（Askeri Yargıtay）、高级军事行政法院（Askeri Yüksek İdare Mahkemesi）、高教委（YÖK）等推荐和选举，再由总统任命。显然，在任命宪法法院法官方面，总统的权力加强了。

法官检察官高级委员会负责司法领域所有法官检察官的提名和任命，有关全国将近1.2万名法官检察官的重要决定都由该委员会做出。2010年以前，该委员会只有7位成员，其中5位是最高法院和最高行政法院选举产生的。除了任免法官和检察官，该委员会还负责高级司法机构的成员选举、法官检察官候选人的审查、法官检察官相关的纪律审查等。可以说，通过该委员会就可以操控司法。2010年9月公投后，土耳其大国民议会于12月11日通过了6087号法官检察官高级委员会法。此前该委员会没有独立的预算，秘书处工作由司法部执行。修宪后，该委员会成了一个在行政和财政上都独立的机构。另外，负责监督法官检察官的督察委员会也划归该委员会。同时，该委员会也进行了重组，修改了其成员人数及选举方法，将委员会正式成员由7人增加到22人，另外还有12名后备法官。之前该委员会成员由最高法院和最高行政法院选举产生，现在总统也要参与委员会成员的选举。法官检察官高级委员会前主席卡迪尔·厄兹贝克（Kadir Özbek）认为，这种变化表明国家行政欲干涉司法。[1]

2010年以前，最高法院和最高行政法院负责选举法官检察官高级委员会成员，反过来，高级委员会成员也负责选举最高法院和最高行政法院的成员，其中最高法院全体法官均由法官检察官高级委员会选举产生，最高行政法院3/4的法官也由法官检察官选举生产，另外1/4则由总统任命产

---

[1] Ümit Özdağ. İkinci Tek Parti Dönemi: AKP'nin Yumuşak Hegemon Parti Projesinin Anatomisi [M]. Ankara: Kripto Kitaplar，2011:127–131.

生。❶这种选举安排被批评是官官相护，2010年公投改变了这一点。22个成员中的10名由法官检察官自己选出，变得更为多数制。不过，这种选举办法使得法官检察官联盟（Yarsav）、民主司法协会（Demokrat Yargı）和政府变得很重要，它们分别起草名单，彼此竞争，结果司法部名单获胜。包括法官检察官联盟和民主司法协会在内的一些组织认为，政府对选举施加影响，插手法官检察官高级委员会事务，特别是"居兰运动"目的在于掌握包括该委员会在内的高级司法监督权。实际上，司法的政治化现象并未改变，改变的只是参与者。土耳其部分法学专家建议，法官和检察官委员会应该分离，议会也应该派成员参与高级委员会，应该限制或取消司法部的部分监督权和调查权，应将辩护纳入体系等。另外还有人指出，法官的选举受司法部影响太大，因此反映不出多数性；现在的委员会构成是亲政府的，是教团占优势的。在土耳其的著名案件审理过程中，如"灯塔丑闻"（deniz feneri）、埃尔盖内昆（ergenekon）未遂军事政变调查案、赫兰特·丁克（Hrant Dink）枪击案❷中，在更换法官检察官方面高级委员会的立场和作用都受到了批评。

正发党把2010年的修宪与民主联系起来，时任国务部长❸的布兰特·阿勒奇（Bülent Arınç）提出，修宪意味着法制的胜利，意味着民主远离了军事政变和军政府。但是，反对党共和人民党反对该修宪提案，认为这是正发党为控制司法而设计的陷阱，修订后的宪法有悖分权原则，为文官独裁铺了路。民族行动党也提出，正发党对库尔德的未来有秘密计划，宪法修订草案将终结国家统一的状态。库尔德政治运动和平民主党（BDP）的代表也号召抵制2010年公投，称该草案仍保持着1982年宪法的法西斯特

---

❶ HSYK'da Nasıl Bir Değişiklik Yapılıyor? [EB/OL]. （2010-08-16）[2014-06-08]. http://www.memurlar.net/haber/174416/.

❷ Hrant Dink 是土耳其著名记者，亚美尼亚裔，主张土耳其的各少数族裔和平共处，2007年被刺杀。

❸ 土耳其没有"国务部"，国务部长是由副总理兼任的一个职务。

点，同时也没有涉及与库尔德问题相关的内容。❶

除了政府中的几个主要反对党，对于2010年正发党提出的修宪提案，还有很多来自学术界的负面评论。比如，土耳其最高行政法院前院长穆斯塔法·比尔登（Mustafa Birden）认为，修宪的根本目的是改变宪法法院和法官检察官高级委员会的结构。本该限制总统在选举高级法院及机构成员方面的权力，现在却通过修宪增加了这种权力。❷另有学者指出，10%的全国门槛和有关政党法律的非民主性才是土耳其议会民主的真正障碍，但正发党的修宪提案对此却只字不提。❸宪法学家伊卜拉欣·卡布奥卢(İbrahim Kaboğlu）评论称："躲掉了军事政变，宪法政变却来了。"❹土耳其第三任总统杰拉尔·巴亚尔（Celar Bayar）的女儿也对2010年修宪进行了评论："其中有一条内容引人注意，即高级审判需要得到执政党的同意。这意味着取消司法独立性……而且，为什么决定在9月12日进行公投？就是为了把反对军事政变的人拉到自己一边，这是明显的陷阱。"❺

土耳其哈杰泰派大学法学教授阿里·穆拉特·厄兹德米尔（Ali Murat Özdmir）提出，正发党领导下的司法体系改革与最近发生在一些发展中国家的变化及许多国际机构的政策建议有很多相似之处。正发党在司法体系

---

❶ Burak Bilgehan Özpek. Constitution-Making in Turkey After the 2011 Elections [J]. Turkish Studies. 2012，13（2）:153-167.

❷ Anayasa Değişikliği Bir Reform Değil [EB/OL].（2010-05-11）[2014-08-09].http://www.sabah.com.tr/Gundem/2010/05/11/anayasa_degisikligi_bir_reform_degil.

❸ Ali Murat Özdemir. Fragments of Changes in The Legal System in the AKP Years: The Development and Reproduction of a Market Friendly Law [M]//Simten Coşar，Gamze Yücesan-Özdemir. Silent Violence: Neoliberalism，Islamist Politics and the AKP Yeasr in Turkey. Ottawa: Red Quill Books，2012:93-122.

❹ Ümit Özdağ. İkinci Tek Parti Dönemi: AKP'nin Yumuşak Hegemon Parti Projesinin Anatomisi [M]. Ankara: Kripto Kitaplar，2011:142.

❺ Özdemir İnce. Bayar'ın Kızından 'Hayır'[EB/OL].（2010-09-11）[2014-08-25]. http://gizlibelge.wordpress.com/2010/09/11/bayar%e2%80%99in-kizindan-%e2%80%98hayir%e2%80%99/.

推行的很多所谓的改革，特别是社会政策领域的改革，都与以"后华盛顿共识"为基础的、旨在创建和保护那些支持市场资源分配的机构的努力相一致。那些被设计来实施新自由主义的改革产生了新的问题和危机。结果，旨在提高新自由主义理性的法律改革破坏了土耳其民主机构的合法性。厄兹德米尔指出，正发党强调保护的教育权利仅限于关注女大学生在校园里戴头巾的问题，以及保证女孩识字率普及的社会责任。❶

二、拟定新宪法的努力

罗伯特·达尔提出，一个国家的基本问题，多数不能通过宪法的设计得到解决。如果它的基础条件非常有利，就有大量的宪法安排可供选择，以使其基本民主制度得以维持。不过，一个国家的基础性条件如果是多重的，既有有利的一面又有不利的一面，这时精心构造一部宪法会大有帮助。❷

进入 21 世纪后，土耳其政府、学者、记者和非政府组织代表更加明确地提出，土耳其需要一部新宪法。土耳其学者厄兹达认为，在 1961 年宪法出台之前，土耳其从未有过真正的司法独立。1961 年宪法规定成立了高级法官委员会，使司法独立受到保护。然而，该委员会在 1982 年宪法中被取消，取而代之的是法官检察官高级委员会，从其成员构成来看，可以说该委员会是受政府领导的。因此，1982 年宪法是对司法独立的沉重打击。❸

20 世纪 90 年代，土耳其的入盟进程暴露出 1982 年宪法与欧盟法律标准之间的差距。1999 年，欧盟宣布土耳其为候选国，土耳其历届政府为

---

❶ Ali Murat Özdemir. Fragments of Changes in The Legal System in the AKP Years: The Development and Reproduction of a Market Friendly Law [M]//Simten Coşar, Gamze Yücesan-Özdemir. Silent Violence: Neoliberalism, Islamist Politics and the AKP Yeasr in Turkey. Ottawa: Red Quill Books, 2012:93-122.

❷ 罗伯特·达尔著. 论民主 [M]. 李柏光, 林猛, 译. 北京: 商务印书馆, 1999:155.

❸ Ümit Özdağ. İkinci Tek Parti Dönemi: AKP'nin Yumuşak Hegemon Parti Projesinin Anatomisi [M]. Ankara: Kripto Kitaplar, 2011:127-142.

达到哥本哈根标准、争取正式成员国资格而出台了很多新的法律或对已有法律进行修订。正发党上台后加快了修宪和立法，却仍被欧盟拒之门外。2011年议会选举期间，各政党在竞选宣言中都允诺要起草新宪法，最终进入议会的几个政党同意不附带任何先决条件参加新宪法协商进程。2011年选举中，正发党赢得550个议席中的327个，得以单独组阁。但是，议会通过新宪法需要367票，所以正发党需要反对党的支持。2011年10月，议会中的三个反对党❶都表示同意就制宪进行协商，于是制宪进程开始了。由于制宪是转型过程中政治活动最为多样和集中的方式，在制宪过程中会出现政治操纵、讨价还价和协商，不同派别与领导人之间的政治立场、分歧都会显现出来。❷因此，新宪法的制定过程注定会充满曲折。

有关新宪法，议会中的各政党想法并不一致。实际上，正发党早在2007年7月22日选举之前就开始了新宪法的起草工作。正发党认为，议会和总统拥有选举宪法法院成员的权力是民主化的重要一步。新宪法草案对军队在政治体制中的作用只字未提，不过在2011年竞选宣言中，正发党列举了其在消除军队政治影响力方面的成果。

反对党方面，共和人民党有关新宪法的提议重点强调的是阻止文官独裁，同时也强调保持司法、媒体独立的重要性。另外，该党还提出了遏制司法和军队对文官政府施加影响的具体步骤。关于宪法法院，共和人民党提议由议会选举法官，旨在保证分权和限制政府权力。关于文军关系，共和人民党认为应废除使军队可以对政治和社会施加影响的法律基础，实现文官对军队的控制。有关库尔德问题，该党的立场与正发党相似，同意扩大地方政府的自治权力，承诺接受《地方自治欧洲宪章》。土耳其议会第二大反对党民族行动党则强调共和国统一民族国家的特性，主张取缔和平

---

❶ 共和人民党赢得135个议席，民族行动党赢得53个议席，和平民主党赢得35个议席。

❷ Ergun Özbudun, Ömer Faruk Gençkaya. Democratization and the Politics of Constitution-Making in Turkey [M]. Budapest: Central European University Press, 2009:1.

民主党（BDP）❶。

2011年10月的制宪进程开始后不久，厄兹布同教授发表文章称："目前制定新宪法是不可能的。别说明年完成新宪法了，连能否开始制定都让人怀疑。"他认为宪法和解委员是"死胎"，"出台新宪法需要投票，你能想象和平民主党和民族行动党在库尔德问题上达成一致吗？如果这两个政党表示不再参与制宪，委员会就等于是解散了"❷。事实的发展正如厄兹布同所预料的，制宪进程很快便无声无息了。

对于正发党主导下起草的新宪法草案，那些怀疑正发党有秘密图谋的人表示了强烈反对。他们认为，草案破坏了世俗主义和阿塔图尔克原则，旨在削弱司法独立性，使司法机构政治化，创造一个不受监督的多数统治，并将最终为走向伊斯兰统治铺平道路。❸ 阿塔阿依认为，新宪法草案基本上忠诚于1982年宪法体系，只是进行了部分修订，因此不能称其为"新的文官宪法"。草案服务于两个目的：第一，2001年危机后一部分新自由主义改革被宪法法院以违宪为由取消，上述宪法草案主要用于克服这一法律问题；第二，草案旨在加强行政机构的司法优势。❹

土耳其学者布拉克·比尔盖汉·厄兹派克（Burak Bilgehan Özpek）认为，历史上土耳其制宪时存在四个根本性问题：一是缺少草根阶层的支持，共和国历史上的三部宪法都是国家精英组织专家起草，制宪过程中没有民众参与讨论；二是缺乏对政府的有效限制，因此往往导致文官

---

❶ 和平民主党2011年选举后进入议会。目前在议会中的不再是和平民主党，而是人民民主党。

❷ Cengiz Çandar. Yeni anayasa: Basbakanin "BDP acilimi [EB/OL]. [2011-06-16]. http://tr-tr.facebook.com/notes/kılıçlaşan-kalemler-güncel-köşe-yazıları/yeni-anayasa-başbakanın-bdp-açılımı-cengiz-çandar/173377269389417?comment_id=1824319&offset=0&total_comments=1.

❸ Faruk Ataay. Neoliberalizm Ve Muhafazakar Demokrasi: 2000'li Yıllarda Türkiye'de Siyasal Değişimin Dinamikleri [M]. Ankara: De K' Basım Yayım, 2008:103-109.

❹ Faruk Ataay. Neoliberalizm Ve Muhafazakar Demokrasi: 2000'li Yıllarda Türkiye'de Siyasal Değişimin Dinamikleri [M]. Ankara: De K' Basım Yayım, 2008:104-105.

政府独裁❶；三是军队和司法机构获得很大的自主权，限制了民选政府的决策空间；四是忽略了种族差异性。三部宪法运用的都是基于统一的民族国家基础上的宪法哲学。❷

基于上述制宪历史中反映出来的问题，厄兹派克对新宪法制定过程中可能出现的问题作出了预测：一是缺少广泛支持。二是缺少对基本自由的保障。由于民族行动党与和平民主党对于基本自由概念的认识不一致，民族行动党认为后者对基本自由的定义对统一民族国家形成了威胁。三是司法和军队对民选政府的影响问题。尽管正发党、共和人民党和民族行动党都接受分权原则，但他们很难在这个问题上达成一致。正发党坚持由议会和总统任命宪法法院法官，认为这有利于司法独立和中立，而共和人民党则坚持议会绝对多数。四是对统一的民族国家的理解。如果正发党、共和人民党和和平民主党就地区自治达成一致，他们就会把民族行动党排斥在外，而这很可能会导致极端民族主义的复兴。所以，正发党和共和人民党可能不会为解决库尔德问题而冒失去选票的风险。另外，制宪委员会成员都有否决权，这种否决权在涉及上述问题时会影响制宪工作的效率。政党的参与是制定长久、民主宪法的必要条件但不是充分条件。各政党在有关基本自由的标准、议会在选举司法机构成员方面的权限、如何解决库尔德问题而不引发土耳其民族主义的问题上能否达成一致还是未知数。❸

总的来说，新宪法的制定并未取得实质性进展，正发党似乎对与反对党达成和解彻底绝望了，因而将出台新宪法的希望寄托在 2015 年的议会选举上。正发党希望在 2015 年选举中能够赢得出台新宪法所需要的 367

---

❶ 比如，1924 年宪法对行政权力没有进行体制限制，为一党执政铺平了道路。共和人民党和民主党当政时都试图限制反对党的活动，实行一党执政。

❷ Burak Bilgehan Özpek. Constitution-Making in Turkey After the 2011 Elections [J]. Turkish Studies，2012，13（2）:153-167.

❸ Burak Bilgehan Özpek. Constitution-Making in Turkey After the 2011 Elections [J]. Turkish Studies，2012，13（2）:153-167.

个议席数。如果真是如此，新宪法将会完全按照正发党的偏好制定。可惜，2015年6月的选举结果令正发党大失所望。

第二节 政府体制

按照行政权与立法权的不同划分情况，政府体制一般可分为议会制、总统制与半总统制等主要类型。有关政府体制的优缺点学界一直存在争论，特别是在总统制和议会制之间。谢岳认为，从理论上讲，总统制与议会制是民主政体的两种形式，并无本质区别。无论是总统制还是议会制，任何一个民主体制的选择都能够保护和实现民主的政治目标。民主化国家在民主政府体制的选择和建构上过分地将总统制和议会制模式化，忽视了各自政治社会共同体的经济、文化、历史、社会传统等因素的特殊性，民主政府体制恰恰就是由这些因素历史地型构而成。❶

土耳其从奥斯曼帝国末期宪政治理开始便实施过议会制，共和国成立后也一直实行议会制。1980年以前，土耳其没有严格意义上的政府体制变化，但是20世纪80年代厄扎尔当政时便讨论过总统制的可能性，90年代德米雷尔也提过总统制，而真正有可能实施总统制的是正发党的埃尔多安。❷

一、议会制的演变

1920年4月，土耳其首届议会在安卡拉成立，第二年正式更名为土耳其大国民议会。1921年宪法规定，政府各部门由议会选出的代表管理，议会意志就是民族意志。宪法将立法权和行政权都集中于议会，主权则无条件属于国家，议会可以任意指挥部长，而部长则不能对议会有平行权力。因此，1921年宪法创建的是议会内阁制❸政府。

---

❶ 谢岳. 总统制与议会制：民主巩固的体制视角 [J]. 上海交通大学学报（哲学社会科学版），2005，3（13）.

❷ 土耳其目前已经实行总统制。

❸ 议会内阁制也叫内阁制或议会制，指议会产生内阁，内阁对议会负责。

第二章 正发党的制度设计

土耳其学者沙迪耶·阿依（Şadiye Ay）认为，1924年宪法创建的仍是议会内阁制政府，与1921年宪法一样，议会仍是重心。比如，宪法规定大国民议会任何时间都可以监督政府、解散政府，政府则不能解散议会；行政权由总统和部长委员会掌握。宪法还规定，总统做出的所有决定都由总理和部长签字，这体现了议会内阁制中的总统免责特点，同时表明行政部门真正的负责人是总理和部长委员会。宪法规定，总理由总统从议员中任命，其他部长则由总理从议员中挑选，再由总统批准提交议会。不过，1924年宪法第6条规定，议会有直接立法权。这一条规定与议会内阁制不太相符。另外，与1921年宪法不同，1924年宪法规定议会无权批准政府，但政府需要得到议会的信任票。❶ 毕健康和郑佳认为，单从1924年宪法的法律条文看，土耳其是议会内阁制政体。但实际上，凯末尔总统通过当时唯一的政党人民党控制大国民议会，土耳其事实上是总统（集权）制。❷ 魏本立认为，土耳其在1923—1950年是议会总统制。❸ 陈德成也将这段时间定性为"一党制总统制"❹。

土耳其向多党制政党制度过渡始于20世纪40年代中期。1944年11月，伊诺努总统在演讲时强调土耳其的政治体制是民主议会制，1945年4月土耳其派代表参加旧金山会议，承诺实行民主。同年5月，大国民议会收到一份建议，要求将地主的土地分给没有地或地少的人，同时建议将部分土地充公，该建议无论是对议会的发展还是对政治生活都产生了重大影响。❺ 阿德南·门德列斯（Adnan Menderes）为代表的部分议员反对此建议。这

---

❶ Şadiye Ay. Türkiye'de Parlamenter Sistem Ve Hükümet Sistemi Tartışmaları [J/OL]. Mevzuat Dergisi, 2004, （77）[2014-08-11]. http://www.mevzuatdergisi.com/2004/05a/01.html.

❷ 毕健康, 郑佳. 近三十年来国内土耳其研究概览 [J]. 西亚非洲, 2009（11）.

❸ 魏本立. 试论土耳其政体的演变及其特点 [J]. 西亚非洲, 1983（6）.

❹ 陈德成. 土耳其的多党制半总统制政体 [J]. 西亚非洲, 2000（2）.

❺ Mehmet Kayıran, Mustafa Yahya Metintaş. 1945 Çiftçiyi Topraklandırma Kanunu Ve Uygulanması [J]. Karadeniz Sosyal Bilimler Dergisi, 2018, 10（19）: 647-666.

次意见分歧成为建立反对党的开端。1946年1月，杰拉尔·巴亚尔（Celal Bayar）领导的民主党正式成立，并在1946年和1950年大选中分别赢得了62个和415个议席。此后民主党执政10年，直到1961年"5·27"军事政变。陈德成认为，1950—1961年土耳其实行的是多党制内阁制。❶

1961年宪法规定土耳其议会采取两院制（国民议会和共和国参议院），立法权归两院，行政权则划归总统和部长委员会，宪法法院检查法律是否违宪，最高法院监督政府的决定是否合法。1961年宪法使立法和行政机构的权力都受到限制，是完全意义上的议会制。宪法规定三权分立，有关总统权力和总统免责的规定也符合议会内阁制的特点。另外，宪法还规定，在总理提议下，总统有权要求重新进行议会选举。与1924年宪法不同的是，1961年宪法规定总统不能连任，议员当选为总统后必须脱离原政党，同时也不再是议员。宪法规定总统任期为7年，政府任期为5年。20世纪60—70年代，土耳其一直实行议会制，但是1982年宪法改变了土耳其政府体制的性质。

毕健康认为，1982年宪法极大地加强了总统的权力，但远未到总统制的程度。宪法创造出二元行政机关，即间接行使行政权的总统和直接执掌行政权的内阁。鉴于土耳其总统具有较大的政治权力，但行政权主要由总理和内阁行使，因此毕健康将此界定为半总统制。❷陈德成认为，1982年后土耳其实行的是多党制半总统制。❸土耳其一些学者也认可这一观点。半总统制的主要特征包括：行政权属于总统和总理；总统和议会分别由人民选举产生，总理由总统任命；内阁必须对议会负责。半总统制本质是行政集权。❹

1982年宪法给予议会很大权力，如制定、修订、废除法律；监督政府和政府部长；授权政府下发具有法律效力的政令；讨论预算和决算法草案；

---

❶ 陈德成.土耳其的多党制半总统制政体[J].西亚非洲，2000（2）：46-50.
❷ 毕健康，郑佳.近三十年来国内土耳其研究概览[J].西亚非洲，2009（11）：66-71.
❸ 陈德成.土耳其的多党制半总统制政体[J].西亚非洲，2000（2）：46-50.
❹ 姚文虎.法国半总统制理论探源[J].政法论丛，2008（5）：93-95.

印制货币和宣战；批准国际条约；宣布战争状态和批准使用武力；宣布实行大赦或特赦等。另外，议会还有倒阁权。关于政府，1982年宪法规定，总理由总统从议员中任命，部长由总理从议员或具有当选议员资格的人中提名，由总统任命，之后政府成员名单将提交议会讨论，议会将在听取政府施政纲领后进行信任投票。政府对议会负责。

1982年宪法有关总统权力的规定是定性土耳其政府体制时最易引起争议的内容。土耳其在20世纪60—70年代经历了社会和政治动荡，意识形态极化，联合政府衰弱。1980年，军政权希望借助于新宪法加强总统的行政权力，以监督政府实现政治和社会稳定。因此，1982年宪法充分扩大总统权力。首先，从立法权角度看，总统可在必要时召集议会开会；可宣布大选以选举新的议会；宣布议会通过的法律，必要时可将法律退回议会复议；可将议会通过的修宪提案提交全民公决等。其次，在行政权方面，总统任命总理并根据总理的建议任免部长；总统认为必要时可主持政府工作，召集部长委员会会议；任命国家监督委员会的主席和成员；任命高教委的成员；任命大学校长；主持召开国安会会议；代表议会担任武装部队总司令；议会闭会或休会期间，如遇突发事件，总统有决定使用武装部队的权力；经过与部长委员会协商，总统可以宣布实行戒严和进入紧急状态，批准和公布国际条约；派遣驻外使节、会晤外国使节等。最后，在司法权方面，总统可任命宪法法院的所有成员，最高行政法院1/4成员，共和国首席法官、副法官，最高军事法院成员，高级军事行政法院成员，法官检察官高级委员会成员等。

从立法、行政和司法权力来看，土耳其总统实权在握，特别是在司法权上，甚至超过了实施半总统制的法国总统。因此，国内外学者将土耳其1982年宪法创建的政府体制划归半总统制是有一定道理的。不过，本书认为，由于1982年宪法规定总统由议会选举产生，并非民选，所以至少从总统选举方式上看，土耳其还不是半总统制。有关土耳其的政府体制，陈德成指出，凯末尔的继承人先向英国学习内阁制，但几度导致土耳其政局不稳；后又从法国1958年戴高乐宪法规定的半总统制中获取灵感，并由内阁制转变为半总统制。在采取西方政体的过程中，又不得不考虑土耳其的实际，并带有明显的集权倾向，以致土耳其的多党制半总统制既承认总理负责制，多数党主政，内阁对议会负责，又授予总统较大权力，使总统一职不是礼仪性的，而是握有实权的。❶

2007年，土耳其总统选举出现了危机，正发党提名的总统候选人居尔在前两轮投票中均未能达到367票的绝对多数，不得不退出总统选举。面对这种情况，正发党主导的议会进行了修宪，将议会选举从5年一选改为4年一选，并且规定总统不再由议会选举，而是改由人民直选，总统任期也由7年改为5年，可连任两届。在2007年10月的全民公决中，该提案以68%的得票率通过。由此，居尔再次被提名为总统候选人，并最终以339票当选为土耳其第十一任总统。2007年的修宪改变了总统选举的方式，为土耳其真正实行总统制奠定了程序基础。

2014年8月10日，土耳其进行了首次人民直选总统的选举，埃尔多安凭借将近52%的得票率在首轮投票中即当选为第十二任总统。埃尔多安就任总统后即发布了总统府决定，改变了总统府工作程序和机构设置。总统府原有4个署，分别是法律事务署、法规与决策署、行政与财政事务署、人力资源署。埃尔多安就任后给总统府增设了8个署，分别是战略署、社会与文化事务署、经济跟踪与协调署、安全政策署、国际关系署、信息技术署、机构交流署、对民关系署。新增加的部门职能更加齐全，使得总统府成为配置完备的"小政府"。

2014年10月30日，埃尔多安第一次主持召开国安会会议，会议持续了10个多小时，成为土耳其历史上最长的国安会会议。会上讨论了与"平行机构"斗争及最新国际局势等问题。2015年1月，埃尔多安又首次以总统身份主持部长委员会会议。如上文所述，1982年宪法规定总统认为必要时可以主持召开部长委员会会议。在埃尔多安之前，土耳其有5位总统主持召开过17次部长委员会会议，其中第七任总统埃夫伦主持过4次，

---

❶ 陈德成. 土耳其的多党制半总统制政体[J]. 西亚非洲, 2000(2): 46-50.

第八任总统厄扎尔主持过 7 次,第四任总统古尔塞尔、第六任总统考鲁吐尔克和第九任总统德米雷尔各主持过 2 次。埃尔多安主持的此次会议是 15 年来总统主持的首次部长委员会会议,会上详细讨论了总统府 12 个部门的工作范围,确定了它们可以在哪些问题上给予政府帮助。会上还讨论了总统府和总理府之间的磋商机制及如何协商落实正发党政府"2023 年目标",以及有关安全、外交政策、经济和信息技术问题。

从其就任总统后主持召开的国安会和部长委员会会议内容来看,埃尔多安的表现符合多数人的预期,他是一个"积极参与政治"的总统,不会远离日常政治。自 2007 年公投改变土耳其选举总统的方式后,土耳其实际上已经是半总统制了。只是当时埃尔多安作为强势总理,并不给居尔总统太多表现的机会。自 2014 年 8 月底就任总统后,埃尔多安马上从强势总理转变为强势总统,有步骤、有计划地为将政体从议会制向总统制转变而努力。

二、议会制与总统制之争

20 世纪 80 年代,祖国党政府执政期间厄扎尔表示,希望政府体制改为半总统制,总统由人民直接选举,增加总统的权力。厄扎尔去世之后德米雷尔就任总统,1999 年他在议会演讲时呼吁引进半总统制,但并未取得进展。如前文所述,学界对议会制和总统制的优劣观点不一。土耳其几位主张实施半总统制或总统制的总统都曾有过多年主持政府工作的经历,深谙土耳其议会制的弊端。

从土耳其的历史经验来看,议会制实施的过程中的确存在一些问题。第一,由于政府上台需要得到议会信任投票且议会拥有倒阁权,因此议会制容易使政府变得不稳定。20 世纪 60—70 年代,土耳其大部分时间处于联合政府时期,频繁的政府更迭严重影响经济、政治和社会稳定。仅 1960—1980 年就出现了 21 届政府,几乎每年一届,这种严重的政治动荡诱发了 1980 年的军事政变。政府不稳定是总统制话题被提上议程的主要理由。

第二,1982 年宪法加强了总统权力,而非总理和部长委员会的权力。

加强行政权是为了在非常时期快速决策,提高决策效率。有些强化的总统权力,是为了让议会理性化,保证政府稳定,使组建政府更容易,同时使政府倒台更难。比如,总统有权重新召集议会选举,政府组建阶段只需要得到简单多数和信任票,倒阁则需要议会绝对多数等。总之,宪法一方面要求总统保持中立、不承担责任;另一方面又给予总统重要权力,不可能不导致问题。[1] 由于宪法规定总统认为必要时可以主持部长委员会会议,从而使总统有机会积极参与政治。另外,总统可以通过部长委员会宣布戒严和紧密状态,尽管决定是通过部长委员会发布,但实际上总统拥有与政府一起执政、确定政策的可能。而且,总统还有权任命国家监督委员会主席和成员,该委员会负责所有公共机构和部门的分析、研究与监督工作,只要总统下令,就可以通过该委员会干涉公共部门的日常工作。

第三,土耳其议会工作效率低下。尽管宪法规定议员代表国家,并非代表本地区及自己的选民,但是在现实生活中,议员们为了再次当选往往都忙着解决自己选民的问题,没时间去处理一般性问题。此外,由于土耳其实行比例代表制,而且全国选举中有10%的高门槛,因此很多候选人为当选议员临时加入某政党,进入议会后再换党。政党间普遍的党员流动现象,不仅影响着议会的稳定,有时甚至会导致政府更迭,从而导致政府不稳定。当因政治分裂而使联合政府遇到问题时,执政伙伴们往往互相责备,极力逃避责任。

第四,当总统不能保持中立时,同时作为行政权力执行者的总统和政府之间容易产生问题。这方面最明显的例子是厄扎尔任总统期间。1989年11月,厄扎尔当选为总统,按照宪法规定,总统要与原政党脱离关系以保持中立,同时也须辞去议员身份。但是,曾经身为强势总理的厄扎尔就任总统后仍与祖国党保持关系,积极管理着经济、法律问题及外交事务。厄扎尔的做法导致责任界限不明,他就任总统一年内,先后有财政和海关部

---

[1] İ Halil Asilbay. Parlamenter Sistem Ve Türkiye Açısından Bir Değerlendirme [J]. TBB Dergisi,2013(104).

长、两个外长和一个总参谋长辞职。厄扎尔的反对者认为，总统应该是超越党派的，是共和国基本规范和制度的守卫者，但厄扎尔看来仍具有党派性，并且一直同时行使总理之职。海派尔认为，厄扎尔的做法让人想起法国第五共和国的半总统制，并且导致土耳其政治陷入了另一次危机。德米雷尔和伊诺努为了反对厄扎尔，考虑问题时甚至都不顾及问题的本质，只是倾向于看问题是否有利于动摇厄扎尔的总统地位。厄扎尔任总统期间，总统府与总理府处于分裂状态，甚至战争都不足以使分裂的领导人团结起来。❶ 此外，还有一种可能，就是总统与执政党不是来自同一个政党。昌达尔指出，"假设议会里有一个政党以32%的选票单独执政，同时国家还有一个得到超过50%选票的总统，那时就会有权力冲突。宪法总有写不到的东西。议会制，总统制，半总统制不是一回事"❷。

  实际上，上述第二个和第四个问题也可以认为是由于1982年宪法过于扩大总统权力而引发的。无论如何，这些问题都被认为是土耳其改变政体的理由。正发党上台后，特别是从2007年第二个任期开始，埃尔多安及其支持者开始越来越多地谈论总统制。厄扎尔的弟弟考尔库特2007年接受采访时曾表示，"就是由于总统权力太大，总统选举才特别敏感，这一点大家都清楚。比如，共和人民党的日子就是在塞泽尔当总统时最好过，因为他任总统期间共和人民党的意志得到了最好的体现。厄扎尔、德米雷尔、塞泽尔都做过总统，他们当总统前也都批评说总统权力太大，但一旦当选为总统，却都不肯减少总统的权力"❸。确实如考尔库特所言，塞泽尔任总统时，否决过埃尔多安提名的中央银行行长，否决过一些大学校长提名，还否决过正发党几个关键的提案，如2004年有关修改高等教育法

---

❶ Metin Heper. Consolidating Turkish Democracy [J]. Journal of Democracy，1992，3（2）.

❷ Cengiz Çandar. Cengiz Candar Ile Cemil Cicek'in Aciklamalari[EB/OL].（2012-05-30）[2012-05-30]. http://www.radikal.com.tr/Radikal.aspx?aType=RadikalYazar&ArticleID=1070265.

❸ Fatih Uğur. Ozlenen Demokrat Turgut Ozal [M]. İstanbul: Zaman Kitap，2011:32-33.

的提案，2007年总统选举危机时正发党的修宪提案。❶

　　本书认为，埃尔多安主张实行总统制主要是为了维系自己的政治生涯。正发党党章规定，党员连续担任议员最多三届。截至2014年，埃尔多安已经担任了三届议员和总理。埃尔多安1994年以繁荣党议员的身份步入政坛，从伊斯坦布尔市长做起，赢得了很好的政绩和口碑。尽管1999年他曾短暂入狱并被禁止从政，但他2001年创立正发党，2003年通过议会修宪再度进入议会并当选为总理。作为一名成功的职业政治家，他不会因为正发党党章的规定就将权力拱手送人。因此，要想继续从政，摆在埃尔多安面前的只有两条路：要么修改党章，继续做总理；要么竞选总统，之后再力争使土耳其实行总统制。

　　继续做总理对埃尔多安来说并不是理想的选择，因为在2012年年底正发党政府官员及埃尔多安家人的腐败丑闻曝光后，他的日子就很难过。尽管他采取了不少措施，尽最大可能挽回信誉，特别是有关他家人的腐败传闻虽然被他强力压制下去，但社会对于正发党政府及总理本人的信任无疑受到了影响。2013年公园游行示威期间，埃尔多安表现的强硬态度使土耳其国内各界及国际力量都批评他专制、独裁，对他的信任程度进一步下降。此外，从第二任期开始，正发党政府与"居兰运动"之间出现分歧，这种分歧对政府形成了很大打击。党员及政府机构中都有支持"居兰运动"的力量，尽管埃尔多安一直在全力清除他们，但凭"居兰运动"的实力和能量，清洗工作也不是一朝一夕可以完成的。最后，正发党本身就是一个大熔炉，集合了中右翼、右翼分子、保守派、自由派等各种成分。正发党执政十多年来，并不是每个阶层的代表都受益和满意，因此党内已经出现了分裂的声音。在国内有反对势力、国际力量也对其持怀疑态度的情况下，特别是在当时土耳其经济停滞不前的状态下，这个大熔炉还能坚持多久也是个问题。

　　既然继续做总理不是一个理想的选项，埃尔多安自然会考虑竞选总统。

---

❶ Zeyno Baran. Torn Country: Turkey Between Secularism and Islamism [M]. Stanford: Hoover Institution Press，2010:58.

对埃尔多安来说，当总统最方便之处在于 1982 年宪法已经明确规定了总统的权力，2007 年总统选举方式改为人民直选后，实际上土耳其已经是现实意义上的半总统制政体了。埃尔多安就任总统后，首先要保证 1982 年宪法规定的总统权力不被减少，其次就是在 2015 年议会选举后任命一个"听话的总理"，通过总理来继续执政。这是埃尔多安最保守的打算。更为理想的结果是，2015 年正发党再次赢得选举，成立多数政府，出台新宪法，将议会制改为总统制。埃尔多安心目中的总统制不同于美国和俄罗斯，将是一个有土耳其特色的总统制，总统可能享有更大的权力。埃尔多安不打无准备的仗，他走向总统制的计划得到了选民的支持。首先是 2007 年 10 月的修宪公投，修宪内容中包括将总统选举方式从议会选举改为人民直选。整个修宪提案在公投中得到了 68.95% 的支持率，这增强了埃尔多安的信心。2010 年 9 月的修宪公投，支持率也高达 58%。另外，在经历了 2012 年和 2013 年的沉重打击之后，在 2014 年 3 月底的地方选举中，正发党得到了 43% 的支持率，而在同年 8 月的总统选举中，埃尔多安又得到了将近 52% 的支持。这些数字无疑坚定了埃尔多安对于未来的设想。因此，当总统对埃尔多安来说是一个更为理想的选择，当然，这个选择也有一定的风险。对他来说，最坏的结果是总统制没能实行，他继续做半总统制下的总统。如果 2015 年 6 月大选后新总理是一个有威望同时又不肯听话的人，埃尔多安的命运可能就会像厄扎尔一样了，在脱离自己的政党后不能继续控制政党，想继续施行自己的执政理念就很难了。

那么，总统制适合土耳其吗？王文友认为，一个国家实行什么样的政治制度，是由这个国家的历史文化传统、社会经济发展状况等诸多国情因素决定的。当今世界上许多发达国家，一般不是实行美国式的总统制，就是实行英国式的议会内阁制，法国则实行半总统制。[1] 如前所述，土耳其目前实施的是半总统制，尽管名义上它叫议会制。

埃尔多安主张将政府体制由议会制向总统制转变，这一设想是否可

---

[1] 王文友.法国议会制度发展过程及启示[J].新疆人大，2001（1）：37-40.

行？有分析认为，在总统制和半总统制中，政府成员并不是议员，他们没有议员们所承受的选民压力，不必为再次当选而实行民粹主义政策。❶因此，政府成员可以更加高效地工作，关心真正的国家大事而不仅限于某一地区某一部分人的利益。从这个角度来看，实行总统制是可取的。土耳其观察家沙迪耶·阿依（Şadiye Ay）认为，就土耳其来说，要实施总统制必须考虑国家的发展水平、社会文化结构、公民社会传统、民主文化等因素。如果实施总统制，总统将可以随意更换政府成员。而土耳其本来就是一个庇护主义盛行的国家，这样的政治文化很可能使总统任人唯亲，从而直接导致政府无法实现善治。❷因此，沙迪耶·阿依不支持土耳其实行总统制。他提出的另一个反对理由是，土耳其的政治扇面分散，有可能出现总统与议会多数派来自不同政党的情况，这会导致各种问题。通常类似的问题都只能通过折中与和解来解决，但是土耳其不能容忍异己的政治文化传统对达成和解造成困难。❸

尽管部分土耳其学者对于实施总统制有一些类似于上述观点的顾虑，但是不管土耳其是否适合，总统制似乎都将实行。因为正发党政府上台执政以来，多次进行修宪，在达不成议会多数同意修宪提案的情况下往往会将提案提交全民公决。正如美国中东问题专家、政治学教授勒诺·马丁（Lenore G. Martin）博士所说，由于正发党占据了绝对的投票箱优势，因此通过正常渠道无法解决的难题，正发党政府就会通过全民公决来达成。❹

---

❶ Şadiye Ay. Türkiye'de Parlamenter Sistem Ve Hükümet Sistemi Tartişmalari [J/OL]. Mevzuat Dergisi, 2004, （77）[2014-08-11]. http://www.mevzuatdergisi.com/2004/05a/01.html.

❷ Şadiye Ay. Türkiye'de Parlamenter Sistem Ve Hükümet Sistemi Tartişmalari [J/OL]. Mevzuat Dergisi, 2004, （77）[2014-08-11]. http://www.mevzuatdergisi.com/2004/05a/01.html.

❸ Şadiye Ay. Türkiye'de Parlamenter Sistem Ve Hükümet Sistemi Tartişmalari [J/OL]. Mevzuat Dergisi, 2004, （77）[2014-08-11]. http://www.mevzuatdergisi.com/2004/05a/01.html.

❹ 2012 年年底访谈。

第三节　选举制度与政党制度

萨托利将选举制度看作宪政的首要制度设计，认为选举制度是"政治生活中最具有可操作性的一种工具"。"选举制度可能未正式包含在宪政文本之中，但实际上，它是政治制度运作的一个基本部分。"❶ 选举制度的恰当与否与民主政治的质量密切相关，选举制度对于政党制度的形成及政治权力的分配、政治职位的取得，甚至整个宪政制度的成败都有十分重要的影响。霍洛维茨也指出，选举体制与一个国家的政党制度密切相关，议会制与比例代表制的结合对于新生民主国家以及处于民主化进程中的国家来说应该是有吸引力的选择。❷

土耳其虽然恰好提供了将议会制与比例代表制相结合的国家案例，但是它的比例代表制中选票的计算方法，特别是 10% 的全国门槛一直被认为阻碍了选举结果的公正性，因而不利于民主政治。此外，在选举制度及其他因素的影响下，土耳其的政党制度也被认为不利于民主政治。

一、土耳其选举制度的演变

萨托利指出，选举制度引起政党制度的变化，反过来又影响政党本身。选举制度直接影响政党数目（政党制度的形式），因为它是选票转变成议席的决定性因素。❸ 土耳其宪法中有很多涉及选举法的条款，但有关选举制度却没有明文规定。也就是说，选举制度是由制定法律的

---

❶ 陈胜才. 选举制度的效应与各种选举制度之利弊——萨托利的分析与思考 [J]. 社会科学家，2012（7）.

❷ Arend Lijphart. Constitutional Choices for New Democracies [J]. Journal of Democracy, 1991, 2（1）:72-84.

❸ 乔瓦尼·萨托利. 选举制度对政党的影响 [M]// 拉里·戴蒙德、理查德·冈瑟. 政党与民主. 徐琳, 译. 上海：上海人民出版社, 2012:92-105.

人决定的。在土耳其共和国历史上,选举制度经历了多次变化:1946—1960年采取的是简单多数制,1961年后采取的则是不同形式的比例代表制。

1923—1945年,土耳其一直是一党制,1945年开始实行多党制。在1946年、1950年❶、1954年和1957年,土耳其先后举行了4次议会选举,采取的都是政党名单简单多数制。这种选举制度在增加、减少代表人数方面产生了不平衡的结果,使得在选举中得票最多的政党可以在议会拥有相当于其所得选票两倍或数倍的席位,选民的意愿以一种扭曲的形式反映到议会。❷这种当选政党所获席位比例超过其所获选票比例的情况,就属于多数选举制度下大党的"超额代表"现象。

土耳其学者埃尔多安·古纳尔(Erdoğan Günal)认为,这种多数选举制度对于1946—1960年土耳其两党制政党制度的形成起到了促进作用,但是,由于执政党在议会占绝对多数,感觉完全没有必要与反对党合作,所以这种选举制度在事实上对党际关系造成了破坏。❸共和人民党最初之所以接受多数制,是因为它认为自己能够赢得选举。但在1950年的选举中,民主党获胜,并且从此开始凭借多数制度带来的选票优势无视反对党的存在。在1950年和1954年的选举中,民主党获得了50%以上的选票,对于议会制国家来说,这样的结果从政治稳定的角度看令人安心,但从民主发展进程上看却带来了严重问题。在1954年选举时,民主党将选举法朝着有利于本党的方向修改。例如,对选区重新进行安排,取消支持共和人民党的选区;阻止各政党在选举中结盟;不允许选民对已打印的候选人名单进行修改;禁止各政党通过广播进行宣传;对于入党不足6个月便退党

---

❶ 1950年2月土耳其通过了5545号议会选举法,规定实行匿名投票、公开唱票、在司法监督下进行选举等,这是土耳其历史上第一部承认自由选举的选举法。

❷ Erdoğan Günal. Türkiye'de Seçim Sistemlerinin Siyasal Kurumlar Üzerindeki Etkileri [M]. Ankara: Turhan Kitabevi Yayınları, 2005:112.

❸ Erdoğan Günal. Türkiye'de Seçim Sistemlerinin Siyasal Kurumlar Üzerindeki Etkileri [M]. Ankara: Turhan Kitabevi Yayınları, 2005:163–186.

的人，不允许他们做其他党派的候选人等。❶ 罗斯托提出，20世纪50年代的选举继承了凯末尔主义的一党制传统，与美国的选举人团制度很像，其结果就是民主党领导人通过赢得多数而占据议会70%~92%的席位，最终导致门德列斯执政后期专制倾向的出现。❷ 由于在选举中数次失利，共和人民党开始支持比例代表制。

1960年的军事政变为共和人民党提供了创立新宪法、引进能够实现代表公正的选举体制的机会。土耳其选举法于1961年做了大的修改，放弃了20世纪50年代的多数制，引进了以东特法（最大均数法）❸为基础的比例代表制。1961年10月，土耳其第一次在全国大选中使用东特法，其代表性比之前的十年都要高，所有政党都进入了议会，但是没有一个政党能控制议会的多数席位。可以说，比例代表制开启了土耳其联合政府时期。

1965年大选对选举方式进行了一些调整，实行了"全国增加制度"❹，这是土耳其历史上第一次也是唯一一次实行该制度。从数据上看，全国增加制度对大党和小党的利益都给予了保护，唯一的受害者是独立候选

---

❶ Erdoğan Günal. Türkiye'de Seçim Sistemlerinin Siyasal Kurumlar Üzerindeki Etkileri [M]. Ankara: Turhan Kitabevi Yayınları，2005:110.

❷ Dankwart A Rustow. Political Parties in Turkey: An Overview [M]//Metin Heper，Jacob M Landau. Political Parties and Democracy in Turkey. London，New York: I B Tauris & Co Ltd Publishers，1991:10–23.

❸ 每个选区一个配额（即从一个选区选出一个候选人需要的最少选票数），选民们在候选人名单上标注他们喜欢的候选人。当时，土耳其的选区与行政省份正好重叠，所以那些没能达到配额要求的选票数的政党就得不到相应选区（省份）的议席。

❹ 在1965年选举中，选区被分为"省级选区"和"全国选区"两大类，对选举配额也进行了修改，即达到配额要求的最少票数，就可以成为政党候选人或独立候选人。如果某个政党得到的选票达不到配额要求，也不再浪费，而是被转到全国选区。某选区空出来的席位也会转到全国选区，作为那个选区的席位。而后者新的配额就用转移到全国选区的有效票数除以分配的席位数产生。那些剩余全国票数超过配额的政党，它们的票数除以配额，得出席位数。如果还有空余席位，各政党余下的选票将被排级，它们在全国选区余下的票数级别决定它们的席位分配。

人，只有正义党对该制度表示反对，不过在此次选举中正义党赢得了240个席位，得以单独组阁。古纳尔认为，1965年选举是土耳其历史上最公正的一次，参加选举的6个政党的席位分配符合它们在全国得到的选票比例。由于反对党也在议会中占有席位，因此执政党完全不受制约的情况得以避免。可以说，1965年选举体制既体现了代表性，又保证了稳定的政府。❶

1969年，距离全国大选还有7个月时，正义党主导的议会再次修订选举法，最终确定采用东特法，同时，宪法法院宣布地区配额是无条件的。修订后的选举法对选举中领先的政党有利。确实，正义党在1969年选举中得到了多数选票，赢得了256个议席。卡拉伊哲奥卢（Ersin Kalaycıoğlu）认为，1969年的选举结果是20世纪60年代代表性最差的一次，但依然强过50年代。❷

1971年，土耳其发生军事政变，之后开始了技术专家治理时期。1973年，土耳其进行了大选，采用的选举法与1969年相同，不过没有任何政党赢得足够的选票单独组阁。因此，1973—1977年，土耳其又出现了多个联合政府。1977年选举的代表性与1973年相似，这两次选举均未能产生稳定的政府。这种短命的联合政府执政模式一直持续到1980年军事政变发生。❸

20世纪80年代初，土耳其军政权设计了一部新宪法，为选举竞争设定了新的规则。1983年6月通过了新的议会选举法，规定将按照比例代表制的东特法分配议席，同时引进了10%的全国门槛。新宪法和选举法的目标是在代表性和治理能力之间提供一种折中，而高达10%的全国门槛的设置及东特法的采用，是为了形成多数党政府。古纳尔认为，由于存在"全国门槛"和"选区门槛"，这一方法实际上是没有意义的，它导致土耳其

---

❶ Erdoğan Günal. Türkiye'de Seçim Sistemlerinin Siyasal Kurumlar Üzerindeki Etkileri [M]. Ankara: Turhan Kitabevi Yayınları, 2005:112.

❷ Ersin Kalaycıoğlu. Elections and Governance [M]//Sabri Sayarı, Yılmaz Esmer. Politics, Parties, and Elections in Turkey. London: Lynne Rienner Publishers, 2002:60.

❸ Ersin Kalaycıoğlu. Elections and Governance [M]//Sabri Sayarı, Yılmaz Esmer. Politics, Parties, and Elections in Turkey. London: Lynne Rienner Publishers, 2002:61.

出现一种兼具多数代表制和比例代表制特点的制度。❶ 在1983年大选中，军政权只允许三个政党参选，最终祖国党胜出。可以说，这次选举使土耳其再一次从威权主义返回多党制。

在土耳其经常变换的选举制度中，1983年实行的制度与美国的单一成员选区相对多数制度最相似，从某种意义上扩大了执政党的代表权，厄扎尔领导的祖国党得票率为45%，却占据了53%的议席。❷ 从选举结果看，似乎是达到了通过选举制度实现一党组阁的初衷，但由于这次选举有部分人为因素，所以在后来导致了一系列政治问题，其中包括反对党质疑祖国党政府的合法性。❸

20世纪80年代中期，祖国党察觉到自己不再那么受欢迎，为了继续掌握政权，政府开始频繁修改选举法。❹1987年的全国大选引进了选区配额❺，该配额在有效选票中所占比例比10%的全国门槛❻还要高。这一新的做法使得候选人的当选难上加难，因为这要求候选人同时满足两个条件，一是其所在的政党要在全国范围内得到超过10%的选票，二是其所在的政党名单必须得到超过选区配额的选票数。由于预感到自己的选举表现会变

---

❶ Erdoğan Günal. Türkiye'de Seçim Sistemlerinin Siyasal Kurumlar Üzerindeki Etkileri [M]. Ankara: Turhan Kitabevi Yayınları，2005:128.

❷ Dankwart A Rustow. Political Parties in Turkey: An Overview [M]//Metin Heper，Jacob M Landau. Political Parties and Democracy in Turkey. London，New York: I B Tauris & Co Ltd Publishers，1991:21.

❸ Erdoğan Günal. Türkiye'de Seçim Sistemlerinin Siyasal Kurumlar Üzerindeki Etkileri [M]. Ankara: Turhan Kitabevi Yayınları，2005:130.

❹ 为了保住自己在政治体系中的主导地位，祖国党政府修改了部分有关选举的法律条款，以使几个反对党分摊选票；同时，也通过一些新的规定，鼓励成立有可能从主要反对党手中夺取选票的新政党。在此过程中，选举制度的多数性特点得到了加强，但付出的代价是牺牲小党。

❺ "选区配额"是指参选政党在某选区取得1个议席资格所需得到的最低选票数。选区配额的计算方法是用有效选票数除以各选区总议席数。

❻ "全国门槛"是指候选政党进入国家议会所需的最低得票率。

差，加上反对党挑战政府的合法性、禁止前政治家从政的禁令被取消及失控的通货膨胀，祖国党决定于1987年提前进行大选。由于采取了与之前不同的选举体制，1987年大选中祖国党以36%的得票率赢得了65%的议席，这是此前所有选举中最不公正的一次选举，而选举制度是导致这一结果出现的主要原因（图2-1）。首先，有20%的选票由于未能超过10%的全国门槛而未被计算。另外，祖国党增加了高达29%的席位，其他政党的席位则都减少了。这种制度明显有利于第一大党。❶卡拉伊哲奥卢认为，1987年选举是土耳其历史上代表性最差的选举之一。❷1987年选举后，反对党的主要精力放到了选举法上，主要反对党——正确道路党及中左翼的社会民主人民党不断质疑选举体制的公正性和政府的合法性，提出祖国党凭借36%的选票赢得65%的议席是不公正的，选举结果没有可信度。媒体、商业联盟、各利益集团也都支持反对党，在1987—1991年不断批评祖国党政府。

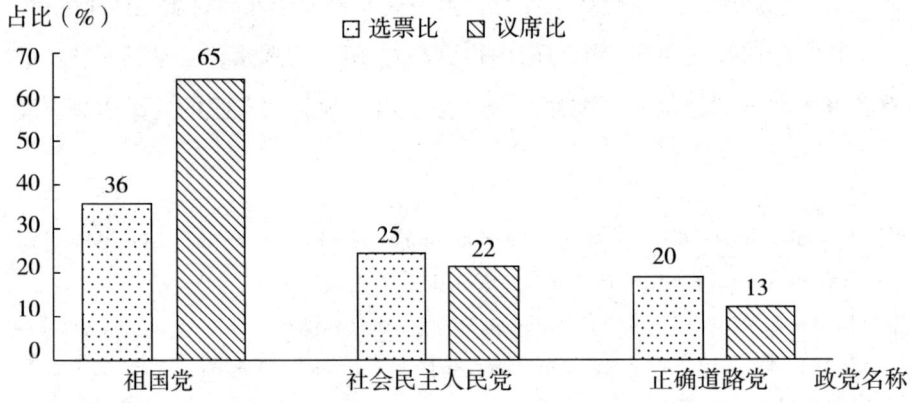

图2-1　1987年土耳其议会选举中各政党所获选票与议席比例

数据来源：土耳其高级选举委员会官网❸。

---

❶ Erdoğan Günal. Türkiye'de Seçim Sistemlerinin Siyasal Kurumlar Üzerindeki Etkileri [M]. Ankara: Turhan Kitabevi Yayınları, 2005:136-137.

❷ Ersin Kalaycıoğlu. Elections and Governance [M]//Sabri Sayarı, Yılmaz Esmer. Politics, Parties, and Elections in Turkey. London: Lynne Rienner Publishers, 2002:61.

❸ 1983-2007 Yılları Arasında Yapılan Milletvekili Genel Seçimleri [EB/OL]. [2014-06-02] http://www.ysk.gov.tr/tr/1983-2007-yillari-arasi-milletvekili-genel-secimleri/3008.

厄扎尔后来宣布参加总统竞选，新的祖国党政府总理耶尔马兹再次修改选举法，于 1991 年取消了地区层次的配额，但 10% 的全国门槛被保留。另外，1991 年选举前，议会通过了 3757 号选举法，做出了有利于小党的安排。根据该法，选民可以修改候选人名单，原本无法当选的候选人因此有可能被选入议会，那些原本可能当选但在名单中排名比较落后的人的位置也因此可以提前。❶1991 年选举时，所有政党都努力建立新的政治联盟，这种联盟有助于各政党超过全国门槛和地区层次的门槛。❷ 最终，祖国党赢得了 23.9% 的选票和 115 个议席；正确道路党赢得了 27.3% 的选票和 178 个议席；社会民主人民党（SHP）赢得了 20.7% 的选票和 88 个议席。1991 年选举的代表性优于 1987 年，不过土耳其再次回到了联合政府状态，因为选票更加分散了。

　　1995 年和 1999 年选举中继续实行 10% 门槛和东特法，对那些超过全国配额的政党实行多成员选区制度。具有讽刺意味的是，10% 的门槛得到了那些在野时曾全力反对过它的政党的支持。1995 年修宪时，强调选举法应该体现 "代表公正" 和 "稳定治理" 的原则。另外，选举前还扩大了选区，规定议员人数 18 人以上的选区为一个选区，19~35 人的为两个选区，36 人以上的为三个选区。这种安排有利于小党。1995 年选举中比较引人注目的一个结果是，祖国党虽然得票比正确道路党多，但议席却比后者少，这无疑暴露了选举制度的问题。❸

　　1999 年选举有 20 个政党参与，其中 5 个政党过了 10% 的门槛，赢得

---

❶ Erdoğan Günal. Türkiye'de Seçim Sistemlerinin Siyasal Kurumlar Üzerindeki Etkileri [M]. Ankara: Turhan Kitabevi Yayınları，2005:136–137.

❷ Ilter Turan. Evolution of the Electoral Process [M]//Metin Heper，Ahmet Evin eds. Politics in the Third Turkish Republic. Corolado: Westview Press，1994:49–59.

❸ 根据当时的选举制度，在确定议员名额分配时，要首先确保每个选区有一个议员名额。古纳尔认为，这违反了公平投票原则，使得人数少的省和地区在议会中有更高比例的代表名额。事实上这个问题并不只存在于 1995 年大选中，2839 号新议会选举法开始实行后这种情况就一直存在，只是由于之前的选举并未像 1995 年选举这样在总的得票比例与议席分配之间出现如此大的失衡。

了代表权。1999—2002年，联合政府没有出现不稳定的问题，但它却未能战胜经济危机。

2002年大选使1983年以来实施的10%门槛问题变得特别突出。18个政党参加选举，只有两个过了10%。两党的得票率之和只有54%，却得到了98%的议席，其余将近46%的选票未被计算，完全没有实现"代表公正"（图2-2）。1961年以来的选举没有哪一次出现过2002年这样大比例的代表增减现象。❶ 类似地，从图2-3和图2-4也可看出，2007年和2011年选举中同样存在"代表公正"的问题，进入议会的第一大党被"超额代表"了。

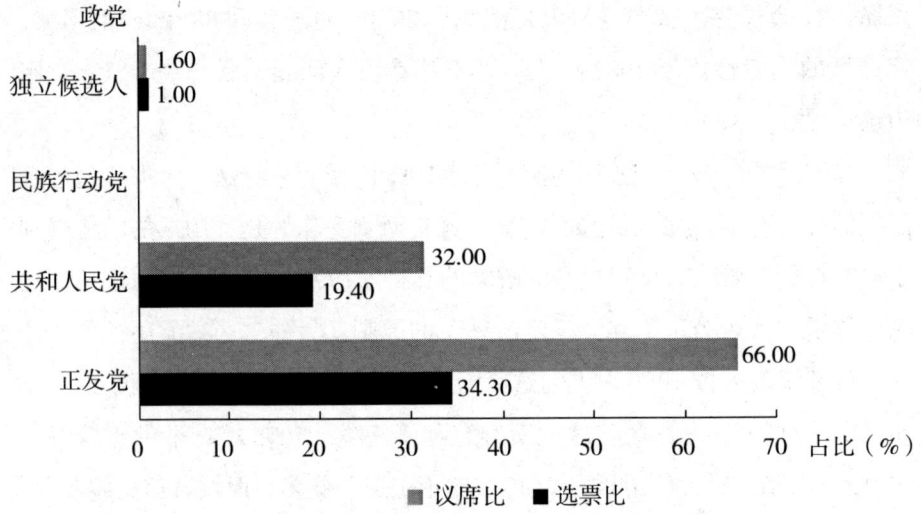

图2-2　2002年土耳其议会选举中进入议会的政党所获选票与议席比例

2007年和2011年的议会选举，土耳其仍然实行10%的门槛和东特法。针对土耳其现行的选举制度，土耳其学者穆盖·俞哲（Müge Yüce）提出了几点批评：第一，议员候选人由中央确定，导致选民不认识参选议员，这有损于民主的基本原则。第二，议员分配到各省时出现不公正代表现象，使人数少的省份得到了更多的代表。第三，选举门槛高达10%，某政党即使在本选区当选，但如果过不了10%的全国门槛，还是无法进入议会，这

---

❶ Erdoğan Günal. Türkiye'de Seçim Sistemlerinin Siyasal Kurumlar Üzerindeki Etkileri [M]. Ankara: Turhan Kitabevi Yayınları, 2005:148-150.

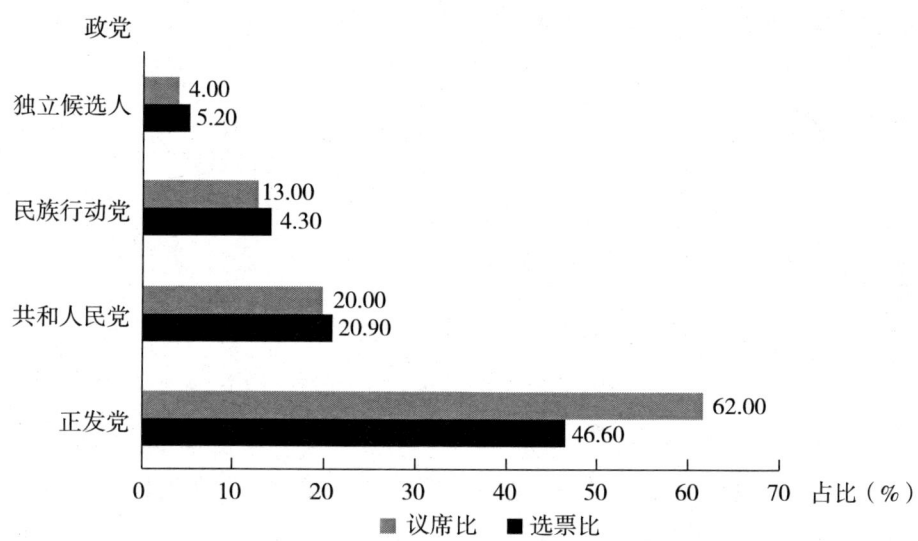

图 2-3 2007 年土耳其议会选举中进入议会的政党所获选票与议席比例

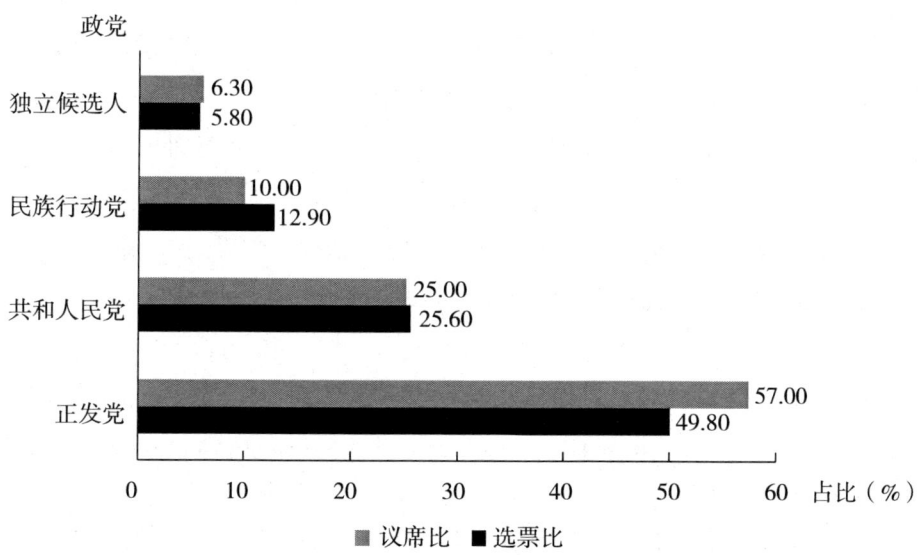

图 2-4 2011 年土耳其议会选举中进入议会的政党所获选票与议席比例

既导致很多选票作废，又使选民因自己支持的政党未能进入议会而产生不安全感。第四，选区太大。"选区大小"[①]应该根据议员人数确定，也应

---

① "选区大小"不是指地理上的大小或选民人数，而是指某选区将选出的议员人数。

该根据选民按照同样比例被代表的原则来确定。土耳其既有很小的选区(可选2名议员),也有很大的选区(可选24名议员),而正常选区可选的议员人数应该是7名左右。❶ 实际上,俞哲的观点极具代表性,充分说明了土耳其现行选举制度中存在的问题。

二、土耳其政党制度的演变

政党是公民与政治过程之间最重要的纽带,是将各种利益诉求整合为一个统一的、包罗万象的公共政策的最可行的平台。政党最与众不同的特征就是通过选举来执政。❷ 在次单元层次上,多数政党是混合物,是不同比例的宗派、倾向、独立人或者分裂的团体的混合体。❸ 在土耳其政治体制中,政党和政党制度占据了重要位置。有关政党制度,学界有不止一种分类方法。❹ 本书的政党制度是根据政党数目标准进行分类的。

1950—2002年,土耳其的政党制度经历了比较大的变化。从1923年共和国成立到1945年,一直是共和人民党一党治国。尽管在此期间也成立过其他政党,但都只持续了几个月便被取缔。1950年,民主党在议会选举中胜出,土耳其从此结束了一党执政的历史。从1950年到2002年,土耳其的政党制度发生了很大变化。土耳其学者萨亚勒(Sabri Sayarı)提出,1950—1960年,土耳其的政党制度是两党制;1961—1980年是温和多党制;1983—1991年仍是温和多党制,但存在一个主要政党;1991—2002年是极

---

❶ 12 Haziran 2011 Seçiminde Seçim Sisteminin Parlamento Yapısına Etkileri [EB/OL].(2011-06)[2014-06-02]. http://www.tepav.org.tr/upload/files/1308043628-1.12_Haziran_2011_Seciminde_Secim_Sisteminin_Parlamento_Yapisina_Etkileri.pdf.

❷ 菲利普·C.施米特.政党今非昔比[M]//拉里·戴蒙德,理查德·冈瑟.政党与民主.徐琳,译.上海:上海人民出版社,2012:69-72.

❸ G.萨托利.政党与政党体制[M].王明进,译.北京:商务印书馆,2006:109-110.

❹ 政党制度最粗线条的分类是一党制、两党制、多党制,但也有些学者对政党制度进行了细分。如萨托利,他根据数目标准将政党制度划分为7个不同的类:一党制、霸权党制、主导党制、两党制、有限多党制、极端多党制、粉碎型体制。其中前三个是传统概念上的一党制。

端多党制，没有主要政党。❶ 这一观点具有相当大的代表性。

1950—1960年，土耳其的政党制度呈现明显的两党制特点。在1950年、1954年和1957年的三次议会选举中，都是门德列斯领导的民主党得到了议会多数席位。整个20世纪50年代，都是民主党和共和人民党赢得大部分选票，小党的力量非常有限。

1961—1980年，土耳其政党制度从两党制逐渐转变为温和多党制，呈现越来越严重的碎片化及意识形态极化。1961年，选举体制从多数制转为比例代表制，导致20世纪60年代土耳其政党制度碎片化。由于1961年选举未能产生多数党，所以土耳其在1961—1965年第一次经历了联合政府时期。这一执政形式的变化表明，国家的政治生活有了新的发展，并且对20世纪60—70年代政治的稳定性产生了重大影响。不过，20世纪60年代末，正义党表现出很强的选举力量。1965—1971年，正义党形成议会多数，得以单独执政。但是除此之外，土耳其要么是联合政府，要么是少数派政府。❷ 其中，70年代上台的联合政府总的来说都包括2~4个政党。因此，20世纪70年代土耳其政党制度的特点是波动性❸、碎片化❹和意识形态的极化❺。1961—1980年，土耳其的两党制衰落了。实际上，在1961—1977年进行的5次选举中，两个主要大党——正义党和共和人民党所获得的选票减少了，不过它们仍然控制着80%的议席。同时，少数党扩大了

---

❶ Sabri Sayari, Yilmaz Esmer. Politics, Parties, and Elections in Turkey [M]. Boulder and London: Lynne Rienner Publishers, 2002:9-31, 此处温和多党制和极端多党制的分类标准依据萨托利的定义：温和多党制指两个主要大党分别联合小党，组成联合政府；极端多党制是指以多党竞争、小党以大党为中心结成联盟和存在反对党为特征的体制。

❷ 1961—1965年、1974—1978年是联合政府执政，1979—1980年是少数政府执政。

❸ 波动性意味着两次选举之间对政党投票突然并显著的变化。

❹ 碎片化表现为进入议会的政党数量越来越多。

❺ 意识形态极化的表现是代表政治伊斯兰的民族救国党和代表狭隘民族主义的民族行动党的出现。

选举胜利，增加了议席。❶

　　1983—1991 年，土耳其的政党制度仍是温和多党制，但存在一个主要政党。从 1980 年军事政变到 1983 年选举前，土耳其一直是军政权统治。军政府希望通过选举建立两个温和的中间政党，排除极左、极右政党和伊斯兰政党。然而，在 1983 年的选举中，厄扎尔新成立的祖国党大获全胜。这一结果偏离了军政府设计的路线，削弱了军队控制政治进程的能力。1987 年选举时，祖国党的选票从 1983 年的 45% 减少到了 36.3%，但是选举法关于最强党扩大议席数的规定，使得祖国党仍形成了议会多数。1987 年土耳其进行全民公投，取消了禁止前政党领袖从政的禁令，埃杰维特、德米雷尔、埃尔巴坎和图尔凯什得以重返政坛。从 1987 年选举开始，土耳其政党体制的碎片化不断增加，有效政党的数字在 1987 年增加到 4.12，1991 年增加到 4.6。1995 年繁荣党和民族行动党得到了更多的选举支持，政党体制的碎片化更加严重了。❷

　　20 世纪 90 年代土耳其的政党制度不断变化，呈现极端多党制的特点。90 年代共进行过三次议会选举，均未能产生多数党政府，相反，在选举中排名第一的政党的得票率从 1991 年的 27.1% 减少到 1999 年的 22.2%。尽管有 10% 的门槛，但三次选举中共有 5 个政党进入了议会。并且，在立法会议过程中，议员发生派系分裂，通过换党组成新政党，因此议会的政党数目进一步增加。以 1995 年为例，议会里一度出现过 11 个政党。❸ 选民对中间政党，特别是两个中右翼政党的支持明显减少。1991 年，4 个中间政党❹ 一

---

❶ Sabri Sayari, Yilmaz Esmer. Politics, Parties, and Elections in Turkey [M]. Boulder and London: Lynne Rienner Publishers, 2002:13. 这一趋势只是在 1977 年选举中才慢了下来，共和人民党和正义党的选票 1977 年都增加了。

❷ Eser Şekercioğlu, Gizem Arıkan. Trends in Party System Indicators for the July 2007 Turkish Elections [J]. Turkish Studies, 2008, 9（2）:213-231.

❸ 这些政党中有些只占几个议席，并且在立法会议结束后就解散了。

❹ 4 个中间政党包括两个中右翼政党和两个中左翼政党。两个中右翼政党分别是祖国党和正确道路党，两个中左翼政党分别是共和人民党和民主左翼党。

共赢得 82.7% 的选票，而 1999 年这一数字减少到了 56.1%。

中间政治力量削弱的主要受益者是极端政党，它们成为 20 世纪 90 年代土耳其政党政治的重要角色。1991 年、1995 年和 1999 年的三次议会选举呈现出很大的波动性。繁荣党在 1994 年的地方选举中大胜，掌控了土耳其几个主要城市。1995 年议会选举中，繁荣党赢得了 21.4% 的选票和 158 个议席，土耳其历史上第一次出现了伊斯兰政党赢得选举的情况。同时，中右翼政党和中左翼政党的总得票率从 1991 年的 82% 降低到 64.3%，民族行动党得票率为 8.18%，人民民主党的得票率为 4.1%，表明土耳其的政党制度演变为分裂、极化的制度。在接下来的几年里这种情形仍在持续。1996—1997 年，繁荣党组建了联合政府。

在 1999 年的议会选举中，极右的民族主义政党民族行动党异军突起，凭借 17.9% 的第二高得票率进入联合政府。萨亚勒认为，民族行动党的选举胜利，反映了 20 世纪 90 年代土耳其民族主义的兴起。巴尔干和高加索地区突厥和穆斯林社团参与的民族—宗教冲突、土耳其未能加入欧盟导致土欧关系紧张及土耳其极端库尔德民族主义的兴起，都为民族行动党赢得了选票。❶

土耳其政党制度中出现的分裂状态及中间政治力量削弱的情况，在 1999 年和 2002 年选举中呈现更为扩张的趋势。1999 年有 20 个政党参加竞选，5 个进入议会；2002 年有 18 个政党参选，两个政党进入议会。

正发党 2002 年上台执政后，土耳其的政党制度发生了更大的变化。土耳其政党制度自 20 世纪 60 年代开始实施比例代表制后，常呈现波动性大和碎片化程度高的特点。但是 2002—2011 年的议会选举使土耳其的政党制度发生了深刻变化。在 2002 年、2007 年和 2011 年的三次选举中，正发党的选票呈现递增趋势，在议会明显占据优势，2011 年正发党得到有效选票近 50%，从而将土耳其政党体制带入主导党体制（表 2-1）。❷

---

❶ Sabri Sayarı. The Changing Party System [M]//Sabri Sayarı, Yılmaz Esmer. Politics, Parties, and Elections. Boulder: Lynne Rienner Publishers, 2002:9-32.

❷ Ali Çarkoğlu. Turkey's 2011 General Elections: Towards a Dominant Party System [J]. Insight Turkey, 2011, 13（3）：43-62.

表 2-1　2002—2011 年土耳其议会选举结果

政党	2002 年		2007 年		2011 年	
	选票	议席	选票	议席	选票	议席
正发党	34.3%	66%	46.6%	62.0%	49.8%	57.0%
共和人民党	19.4%	32.0%	20.9%	20.0%	25.6%	25.0%
民族行动党	—	—	14.3%	13.0%	12.9%	10.0%
独立候选人	1.0%	1.6%	5.2%	4.0%	5.8%	6.3%

2002 年的议会选举呈现了与以往不同的特点，对土耳其的政党制度产生了重要影响。第一，2002 年选举最大的特点是选民换党现象突出，导致土耳其政党制度呈现极大的波动性，达到 20 世纪 80 年代后最大波动值 19.66。这意味着选民在 2002 年选举中在不同意识形态的政党间换党现象是最严重的，20% 的选民从一个意识形态转到另一个意识形态，即主要从支持中间政党转为支持正发党。❶ 土耳其选民对中右翼政党的支持率从 1983 年起持续下降；而 2002 年的选举表明，选民对中左翼政党的支持率也明显下降，民主左翼党的选票流失严重。

第二，2002 年选举最终只有正发党和共和人民党进入了议会，因此政党制度的碎片化程度得以减少。不过，由于有 18 个政党参加了选举，因此有效政党数仍然很高。除了正发党和共和人民党，正确道路党、民族行动党、青年党、民主人民党和祖国党的得票率都超过了 5%，但由于未超过 10% 的门槛，它们均未能进入议会。

第三，在 2002 年选举中，安纳托利亚东部和东南部地区呈现不同于全国其他地区的特点，选举波动性减少。1980 年政变后，土耳其东部和东南部地区首次见证了代表库尔德人利益的政党的出现。在 20 世纪 80—90 年代的选举中，这些地区的波动性都高于全国平均水平，表明选民在缺少一个库尔德民族主义政党的情况下在不断寻找一个能代表自己利益的政

---

❶ Eser Şekercioğlu, Gizem Arıkan. Trends in Party System Indicators for the July 2007 Turkish Elections [J]. Turkish Studies, 2008, 9（2）: 213-231.

党。1995年，人民民主党独立参加竞选，这是第一次有一个政党以库尔德人身份参加大选，导致安纳托利亚东部和东南部地区的选举波动性上升。不过1999年和2002年上述地区的选举波动性明显低于全国平均水平，表明一旦库尔德民族主义政党成为选举中的常态力量，这些地区的选民就倾向于支持它们，因此选举波动性相对较低。❶

2007年议会选举中，正发党得票率是46.58%，比2002年增加了12%的选票，而且主导了几乎所有地区，包括被认为是主要反对党共和人民党根据地的一些地区，比如安塔利亚（Antalya）。第二大党共和人民党得票率为20.87%，民族行动党也凭借14.27%的得票率进入议会。为了规避10%的全国门槛，代表库尔德人利益的民主社会党的代表们以独立候选人身份参加了2007年大选，有23位候选人当选，成为10多年来第一个进入议会的库尔德民族主义政党。2007年议会选举对土耳其政党制度产生了重要影响。

首先，2007年选举使土耳其的政党制度更加稳定，碎片化和波动性同时下降。美国斯托尼布鲁克大学（Stony Brook University）政治学系的学者埃塞尔·谢凯奇奥卢和吉赞姆·阿勒坎（Eser Şekercioğlu & Gizem Arıkan）指出，2007年选举时，有效政党数从2002年的5.4下降到2007年的3.47，碎片化明显下降（图2-5）。另外，之前土耳其政党制度呈现波动性和碎片化的一个重要原因是相同意识形态中有很多政党，而2007年出现了每个意识形态有一个多数党代表的情况：共和人民党是中左翼唯一代表；民族行动党是民族主义阵营的代表。❷这样的变化使得选票相对集中。

其次，2007年选举中，各政党主导的选举地图发生了变化，这种变化反映了土耳其选民偏好的变化。与1999年和2002年一样，2007年选举也分裂成了三个选区：保守因素主导的选区，亲库尔德因素主导的选区，中

---

❶ Eser Şekercioğlu, Gizem Arıkan. Trends in Party System Indicators for the July 2007 Turkish Elections [J]. Turkish Studies, 2008, 9（2）:213–231.

❷ Eser Şekercioğlu, Gizem Arıkan. Trends in Party System Indicators for the July 2007 Turkish Elections [J]. Turkish Studies, 2008, 9（2）:213–231.

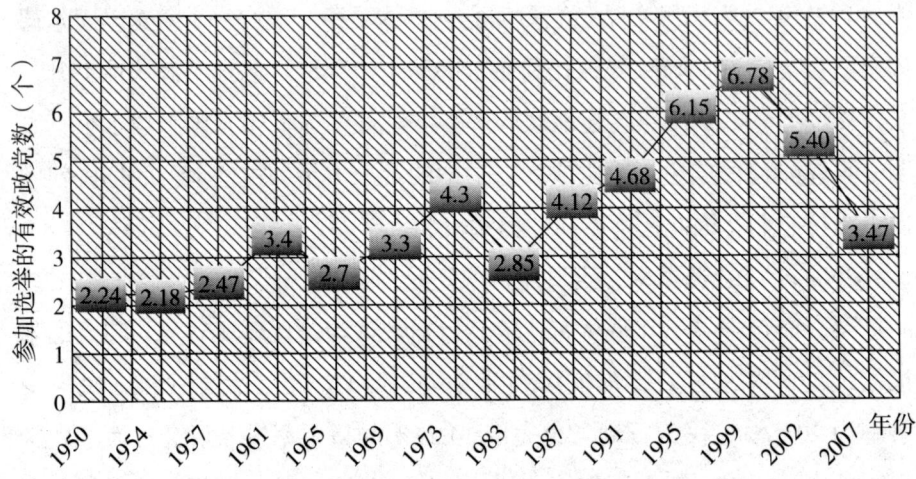

图2-5　1950—2007年土耳其政党制度碎片化程度变化

左翼和中右翼占上风的选区。从20世纪90年代起中间政党主导的选区就开始缩小，2007年中左翼政党主导的选区从以前的15个省缩小到只有5个省，集中在经济富裕的沿海省份❶；而中右翼政党，如祖国党和民主党则遭遇了全面失败，它们的总得票率从2002年的14.6%下降到5.4%。正发党2002年就已在土耳其中部和东部地区稳定住了选票，2007年它又成功地锁定了西部地区及东南部以库尔德人为主的省份的选票。在安纳托利亚西部地区，中左翼政党是正发党的主要挑战者；在黑海地区和安纳托利亚中部地区，民族行动党处于领先地位；而在安纳托利亚东部，正发党只受到那些代表民主社会党的独立候选人的挑战。❷

最后，2007年选举中，土耳其安纳托利亚东部和东南部省份的选民支持正发党，使得这些地区的选举波动性升高，同时也使正发党的选举主导性更趋完整。与1999年和2002年不同，以库尔德人为主的省份在2007年选举中不但支持代表库尔德人利益的民主社会党，也支持正发党，可以

---

❶ 这5个省分别是Edirne, İzmir, Kırklareli, Muğla, Tekirdağ。这5个省的富裕程度比全国平均富裕程度高出50%，受教育程度也更高。

❷ Eser Şekercioğlu, Gizem Arıkan. Trends in Party System Indicators for the July 2007 Turkish Elections [J]. Turkish Studies，2008，9（2）:213–231.

说两党在这些地区势均力敌。而 2002 年时，正发党在上述地区远没有达到 2007 年的支持率。2002 年正发党的主张相对温和，并不强调宗教因素，这种温和的主张为正发党赢得了西部的选票，却牺牲了东部和东南部的选票。事实上，安纳托利亚东部和东南部省份以前就支持强调宗教共性而不是民族差异的伊斯兰政党，特别是 1995 年繁荣党的泛伊斯兰主张得到了库尔德选民的支持。2007 年选举期间，正发党一直强调民主化和入盟，终于赢得了企盼政治民主和经济发展的库尔德选民的支持。由于库尔德人省份的部分选民转而支持正发党，使得 2007 年该地区的选举波动性升高。谢凯奇奥卢和阿勒坎的研究显示，正发党在 2007 年选举中的主导性达到 60.03%，远高于 2002 年的 34.00%。更为重要的是，2007 年正发党在东部和东南部的表现强于其全国性表现，而 2002 年时正发党在东部和东南部的表现远低于其全国性表现。❶

2011 年选举中，正发党得到 49.83% 的选票。萨托利提出，如果一个政党连续三次赢得选举，并且第一、第二大政党间的选票差高于 10%，则第一大党就是主导党。正发党在 2002—2011 年选举中得票率比第二大党共和人民党分别高出 15%、25% 和 24%，且连续三次赢得选举，按照萨托利的标准，土耳其已经是主导党体制了。可以说，向主导党体制的转变是 2011 年选举为土耳其政党制度带来的最大变化。

2011 年选举中，议会第一大反对党共和人民党的得票率为 25.98%，比 2007 年增加了 5.00%。选举期间，共和人民党在库尔德问题上采取了响应库尔德人要求的立场，人们预期其在库尔德人为主的省份的支持率将上升，但事实上该党在安纳托利亚东部和东南部省份的得票率不升反降了。❷

议会第二大反对党民族行动党在 2011 年选举中的得票率为 13.01%，比 2007 年减少了 1.20%。民族行动党选票的减少与该党多位领导人在

---

❶ Eser Şekercioğlu, Gizem Arıkan. Trends in Party System Indicators for the July 2007 Turkish Elections [J]. Turkish Studies, 2008, 9（2）:213-231.

❷ Ali Çarkoğlu. Turkey's 2011 General Elections: Towards a Dominant Party System [J]. Insight Turkey, 2011, 13（3）.

2011年选举前曝出性丑闻直接相关。

与 2007 年一样，和平民主党为规避 10% 的门槛没有以政党身份参加选举，而是以独立候选人的身份参选，他们得到的支持主要来自东部和东南部省份，不过南部的一些省份也开始支持该党。值得注意的是，与 2007 年相比，正发党在全国大部分省份的选票在 2011 年都增加了，但是在东部和东南部 15 个省正发党得到的选票却减少了。

查克奥卢认为，土耳其 2011 年选举最重要的结果是正发党巩固了选举基础。除了民族行动党，小型右翼政党从政治中消失也是此次选举突出的特点。主要政党和独立候选人主导的地区分布显示土耳其的选举舞台具有明显的地区特点，正发党的选举基础扩大到了西部沿海省份，在伊兹米尔以外的大城市仍处于主导地位。反对党共和人民党退回了西部沿海省份，而民族行动党在继续得到安纳托利亚中部地区选民支持的基础上进一步向西扩展的势头似乎也停止了。独立候选人也未能吸引太多选票。❶

三、影响政党制度的因素

第一，选举制度对土耳其政党制度的影响非常明显。1946—1960 年，土耳其的政党制度呈现典型的两党制特点，当时土耳其实行的选举制度是简单多数制。尽管学界普遍认为多数制容易形成两党制，但也有学者提出，土耳其 20 世纪 50 年代出现两党制主要是社会分裂的结果，即使当时没有实行多数制而是实行比例代表制，也不会改变两党制特点。❷针对这种观点，古纳尔提出，在一个没有完全的组织自由、选举制度采取不足以实现代表公正性的简单多数制的环境下，不应该只把第三大党无法出现归因于社会分裂。古纳尔认为，两党制是当时的政治精英为了求得政治稳定特别希望的，为此而接受了有名单的简单多数制。因此，选举制度对两党制的出现

---

❶ Ali Çarkoğlu. Turkey's 2011 General Elections: Towards a Dominant Party System [J]. Insight Turkey，2011，13（3）.

❷ Erdoğan Günal. Türkiye'de Seçim Sistemlerinin Siyasal Kurumlar Üzerindeki Etkileri [M]. Ankara: Turhan Kitabevi Yayınları，2005:155-161.

所起的作用与社会极化的作用一样大,对20世纪50年代土耳其两党制政党制度的形成发挥了促进作用。❶ 萨亚勒认为,多成员选区简单多数选举制度对两个力量最强的政党有效。通过取消小党的选举机会,多数制限制了政治碎片化,加强了两党制。❷

受选举制度的影响,1961—1980年土耳其政党的数量增多了,但这种数目的增加是有限的,因此这一时期主导的政党制度是温和多党制。在此期间,土耳其共进行了5次选举,采取的都是比例代表制,其中包括有门槛东特法、全国增加制、无门槛东特法。在这5次选举中,有3次没有任何政党赢得多数从而单独组阁。关于选举制度,比较普遍的观点是比例代表制会导致联合政府。事实的确如此,1961—1965年土耳其不得不更换了三届联合政府。但是,1965年和1969年的两次选举结果都是一党赢得绝对多数,单独组阁。这一结果表明,认为比例代表制会阻碍政党单独组阁的观点也不是绝对的。

厄兹布同认为,正是选举制度导致20世纪70年代土耳其没有一个政党在议会赢得绝对多数,并且这种微弱多数的内部也不稳定。这一时期的选举制度导致政党数目增加,小党获得了与自己的力量不相称的影响力,小党在政党间采取不合作的态度。❸1980年后,参加选举的很多政党都无法进入议会。1990年后,土耳其的政党数目增加很快,尽管参选的政党数目也呈增多趋势,但进入议会的政党数目却在减少。毫无疑问,这是1980年后实施10%门槛的结果,小党得不到足够多的选票无法进入议会,选票向大党集中严重影响了代表公正性。这验证了德格拉斯·雷的观点,各种选举制度总是偏袒在选举中获胜的党派,分配给它的议席比例总是比它所

---

❶ Erdoğan Günal. Türkiye'de Seçim Sistemlerinin Siyasal Kurumlar Üzerindeki Etkileri [M]. Ankara: Turhan Kitabevi Yayınları,2005:155-163.

❷ Sabri Sayarı. The Changing Party System [M]//Sabri Sayarı, Yılmaz Esmer. Politics, Parties, and Elections in Turkey. Boulder: Lynne Rienner Publishers,2002:9-32.

❸ Erdoğan Günal. Türkiye'de Seçim Sistemlerinin Siyasal Kurumlar Üzerindeki Etkileri [M]. Ankara: Turhan Kitabevi Yayınları,2005:186-189.

获得的选票比例高。❶

　　1995 年后的选举制度未能阻止土耳其政党制度的崩溃，形成了极端多党制。虽然 1995 年大选前取消了选区门槛，但 10% 的国家门槛仍在，这个高门槛在塑造政党竞争方面发挥了重要作用，一些选票多却未能迈过门槛的政党就未能进入议会。比如，1995 年选举中民族行动党得票 8.2%，1999 年选举中共和人民党得票 8.7%。它们的选票被达到 10% 门槛的政党重新分配，导致那些政党得到了预期之外的议席。❷1999 年选举与 1995 年一样，排名第一的政党也只得到了 22.1% 的选票。2002 年选举形成了单独执政的多数政府，议会中也是两党制，排名第一的正发党得票 34%，但在议会中占 66% 的席位；第二大党共和人民党得票 19%，在议会占 32% 的席位。由于 10% 的全国门槛，2002 年选举后只有两个政党进入了议会，形成了超额代表现象。

　　第二，历史与社会因素影响政党制度。利普哈特认为，选举制度是社会深层决定性因素的表现。❸另外，社会的分裂状况也会产生与之相适应的政党制度和选举制度。❹

　　自奥斯曼帝国时期开始，土耳其就存在着中心—边缘冲突并导致了社会分化，这种分化随着向多党政治生活的过渡而呈现出来。在这种分化中，依赖军队和文官的共和人民党是中心，民主党则是那些自称因位于中心之外而分配不到足够的国家资源、政治上得不到代表的群体及因实施现代化进程而使自己的宗教实践无法顺利进行的边缘群体的代表。有学者认为，

---

❶ 严海兵，聂平平. 选举制度与政党制度的关系研究述评 [J]. 上海行政学院学报，2009，10（1）.

❷ Sabri Sayarı. The Changing Party System [M]//Sabri Sayarı, Yılmaz Esmer. Politics, Parties, and Elections. Boulder: Lynne Rienner Publishers，2002:9-32.

❸ 陈胜才. 选举制度的效应与各种选举制度之利弊——萨托利的分析与思考 [J]. 社会科学家，2012（7）.

❹ 严海兵，聂平平. 选举制度与政党制度的关系研究述评 [J]. 上海行政学院学报，2009，10（1）.

正是由于这种中心—边缘的两极分化导致了20世纪50年代的两党制。❶

除了中心—边缘对立关系,萨亚勒认为,非选举力量在塑造土耳其的政党制度时也同样重要,其中最突出的是军队和官僚精英的政策、选举法和政党精英的行为。❷军队和官僚精英通过取缔某些政党、禁止其领导人从事政治活动、修改宪法、出台限制政党活动内容的法律,阶段性地塑造着政党制度,对土耳其政党政治的演变发挥了特别重要的作用。

1960年、1971年和1980年的军事干涉导致选举和议会政治中断,也证实了军队和官僚精英想要从上而下塑造政党制度的企图。1960年军事政变后民主党被取缔,导致20世纪60年代早期一些新政党的组建,也导致政党制度出现波动性、碎片化和不稳定性。1971年的军事干涉对政党制度的影响比较小,宪法法院只取缔了马克思主义政党土耳其工人党和伊斯兰主义政党民族行动党,其他政党都维持正常活动。但是,1980年军事政变后,国安会颁布了一项法令,取缔了所有政党,表明军队要以激进的方式修正国家的政党制度,将主要政治家和政党领导人赶出政界。1983年,一项新的选举法得以通过,新法在原则上保留了比例代表制,但设立了10%的国家最低标准和非常高的选区最低标准,希望通过这种方式将更多小型的意识形态政党排除在外,同时将政党制度转变为更可控的两党制或三党制。遗憾的是,军政权想从零开始建立政党制度的努力被证明是不现实的。被设计在新政党制度中发挥作用的三个政党中,有两个未能满足大众的需要,未能建立社会组织根基。更为重要的是,之前被取缔的传统政党在1987年改头换面重返政坛,党首也没有变化。❸

第三,政治精英对土耳其政党制度产生过重大影响。土耳其向民主和

---

❶ Yilmaz Esmer. Introduction [M]//Sabri Sayari, Yilmaz Esmer. Politics, Parties, an Elections in Turkey. Boulder and London: Lynne Rienner Publishers, 2002:1-7.

❷ Sabri Sayarı. The Changing Party System [M]//Sabri Sayarı, Yılmaz Esmer. Politics, Parties, and Elections in Turkey. Boulder: Lynne Rienner Publishers, 2002:9-32.

❸ Sabri Sayarı. The Changing Party System [M]//Sabri Sayarı, Yılmaz Esmer. Politics, Parties, and Elections in Turkey. Boulder: Lynne Rienner Publishers, 2002:9-32.

多党政治的转型,就是时任总统伊诺努的决定。第二次世界大战结束后,各种各样的压力和复杂的环境迫使伊诺努政府准许共和人民党内部一批高级负责人脱离出去另组反对党,他们成立了民主党并赢得了1950年大选。在转型的几个关键节点上,反对党的命运就在伊诺努手中,当时虽然一些与他关系密切的同事提出了相反的建议,但伊诺努却决心继续政治自由化进程。

军队和官僚精英决心自上而下塑造政党制度的另一个表现是设定有关政党活动的法律和宪法框架,这些法律的修订对土耳其的政党制度也产生了深刻影响。比如,1961年宪法提供了相当大的自由,使社会运动无论是左派还是右派,在新宪法提供的自由环境下都得到了很大发展,他们努力在政治生活中表达自己,因而无论是议会内还是议会外政党数目都增多了。❶两党制的衰弱、治理模式的变化和小党的优势,凸显了1961年后政党制度碎片化的特征。有关政党政治法律框架的改变及对成立宗教政党和激进的左、右翼政党的限制规定的取消,对于新政党的成立、发展及进入议会也发挥了重要作用。

第四,意识形态的极化对土耳其政党制度有影响。土耳其工人党、民族行动党、民族秩序党、民族救国党和阿列维派为主的统一党代表着20世纪60—70年代意识形态的极化和政治光谱的扩展。新政党改变了政党制度的动力,特别是有些新党在组建和解散联合政府方面发挥了关键作用。1973—1980年,旧有的社会分化结构及其性质都发生了重大变化。意识形态极强的两个政党❷在20世纪70年代的壮大,加剧了意识形态的极化,使政党制度带有某些极端多党体制的特点。不过,我们仍将此时期的政党制度定义为温和的多党制,因为尽管政党间有意识形态的差别,但极化的程度至少表面看来不是很大。另外,反对派政党的力量也不大。❸

---

❶ Erdoğan Günal. Türkiye'de Seçim Sistemlerinin Siyasal Kurumlar Üzerindeki Etkileri [M]. Ankara: Turhan Kitabevi Yayınları, 2005:186–189.

❷ 代表政治伊斯兰的民族救国党和代表极端民族主义的民族行动党。

❸ Erdoğan Günal. Türkiye'de Seçim Sistemlerinin Siyasal Kurumlar Üzerindeki Etkileri [M]. Ankara: Turhan Kitabevi Yayınları, 2005:166–167.

第五，大众选举行为，特别是政治忠诚度是影响土耳其政党制度变化的一大因素。1954—1995年，土耳其选举的平均波动值高达21.2%。查克奥卢认为，波动值这么大可能是因为在相同的意识形态政党间忠诚度的改变，也可能是由于受到土耳其东部和东南部选民的投票行为方式的影响。上述地区的政治忠诚度不是基于党派庇护或意识形态，而主要建立在上下级关系基础上。❶处于管理位置的人的选举偏好往往能够影响很多雇员。

1995年，繁荣党在议会选举中成为最大赢家，但亲世俗主义的政党似乎都不愿意成为伊斯兰政党的执政伙伴。1996年，在坦苏·齐莱尔领导下，正确道路党加入了繁荣党领导的联合政府，但该政府只存在了11个月。

四、政党制度对土耳其政治发展的影响

政党制度的变化对民主政治具有重要影响。亨廷顿认为，就政治发展而言，重要的不是政党的数量而是政党制度的力量和适应性。政治稳定的先决条件在于有一个能够同化现代化过程所产生出来的新兴社会势力的政党制度。政党的数量只有在它能够影响该制度为政治稳定提供必需的制度化渠道的能力时，才具有重要性。❷

政党制度对土耳其政治的第一个作用体现在其对扩大政治参与的影响上。不同政党制度对政治参与的影响不同，因而对民主政治的影响也不同。共和国成立后实行的一党制是凯末尔领导的民族解放运动的结果。1946年以后，土耳其逐渐向两党制转变，民众，特别是农村人口政治参与的规模逐步扩大。两党制使占据人口多数的乡村民众的需求得以更好地反映，因此得到了广大农民的支持。为争取得到农民的选票，无论是共和人民党还是民主党，都有意调整自己的竞选纲领和策略，努力拉拢保守人群。20世

---

❶ Sabri Sayarı. The Changing Party System [M]//Sabri Sayarı, Yılmaz Esmer. Politics, Parties, and Elections in Turkey. Boulder and London: Lynne Rienner Publishers, 2002:9-32.

❷ 塞缪尔·P.亨廷顿.变化社会中的政治秩序[M].王冠华,刘为,等,译.上海:上海世纪出版集团,2008:350.

纪50年代民主党执政的10年，土耳其社会底层因尝到了甜头而继续支持民主党，使得其在1954年选举中得票率进一步提高。1954年大选标志着农村选民在政治生活中开始扮演举足轻重的角色。

农村选民在选举中作用的加强，影响到了议员的构成。从20世纪40年代末期开始，政治舞台上的角色比重发生变化，农民、律师和商人取代了军官和文官，在议会中占据上风。另外，地方主义也得到了加强，在一党制的鼎盛时期，约有1/3的议员出生在他们所代表的选区，实行两党制10年后，这类议员增加到了2/3。政党不仅把群众带进政治，而且也使政治领袖更加接近群众。❶20世纪50年代实施的两党制实际上是土耳其走向多党民主的开端，不仅扩大了政治参与，还使政党在制定政策时更加顾及普通选民，特别是以前被边缘化的农村选民的利益，因而对土耳其的民主政治是有利的。

20世纪60年代以后，不管是60—80年代的温和多党制，还是90年代的极端多党制，对土耳其民主巩固的影响都与一党制和两党制时期有很大不同。亨廷顿认为，多党制从整体上看是适应性很强的，但具体到各个政党情况却不尽相同，各政党随着社会结构和政治活跃人口成分的变化或兴或亡。每一个新政党建立伊始都俨然一次进步和改革的先兆，因为其体现了某种新兴社会势力的利益。但是，一旦它在政治体系内部占据一席之地，就会随其选民群的变化而变化，最终成为既得利益的代言人。❷从20世纪60年代开始，土耳其的社会文化裂痕有了新的维度，包括世俗与宗教、逊尼与阿列维、种族与公民民族主义、库尔德和土耳其民族主义。❸它们

---

❶ 塞缪尔·P. 亨廷顿. 变化社会中的政治秩序[M]. 王冠华，刘为，等，译. 上海：上海世纪出版集团，2008:375—377.

❷ 塞缪尔·P. 亨廷顿. 变化社会中的政治秩序[M]. 王冠华，刘为，等，译. 上海：上海世纪出版集团，2008:356—357.

❸ Ersin Kalaycıoğlu. Elections and Governance [M]//Sabri Sayarı，Yılmaz Esmer. Politics，Parties，and Elections in Turkey. Boulder and London: Lynne Rienner Publishers，2002:56.

分别代表着不同人群，其中少数人群尽管支持者不多，却也组建了自己的政党。从扩大政治参与的标准来看，每个派别都有机会组建自己的党派，本该对民主政治有利，但是新宪法及1961—1980年实施的选举法不仅使小党得以生存，还使它们因为是潜在的联合对象而赢得了力量。民族救国党和民族行动党都加入了联合政府。截至20世纪70年代，共和人民党、正义党、民族救国党和民族行动党是政党制度中的主要角色。这些政党彼此之间缺乏合作，议会中斗争不断。此外，选民之间也有冲突，这种冲突甚至影响了国家的稳定。因此，20世纪60—70年代的多党制对土耳其民主政治产生的影响总的来说是消极的。1980年后，随着城市贫民加入伊斯兰政党阵营，世俗与伊斯兰阵营的对决导致了严重的政治极化。

政治系统的民主化迫使伊斯兰阵营采取温和的政策，伊斯兰政党也不得不考虑选民世俗化方面的感受。如果只是打伊斯兰牌，而没有完善的计划满足选民日常需求，没有哪个政党可以赢得选举。20世纪70年代埃尔巴坎领导的民族救国党取得了相对成功，先后与左派和右派政党联合执政，因为它吸取了教训，认识到选民关心经济多于宗教问题。例如，民族救国党提出了加快工业化进程，减少通胀，提供社会福利的举措。❶伊斯兰政党政策的温和化和平衡化在一定程度上减少了社会矛盾和极化现象，有利于政局稳定，保守选民的利益也得到了更好地代表。

20世纪90年代土耳其的政党制度处于极端多党制时期，碎片化现象严重，政党代表的各利益集团分裂，政治不稳定，意识形态极化，不利于民主的发展与巩固。不过与民族救国党的作用相似，繁荣党进入体系扩大了保守人群的政治参与，对民主政治的发展是有利的。20世纪70年代城市贫民大都支持共和人民党，在80—90年代转而支持繁荣党。繁荣党的竞选战略成功地动员了穷人，为一些追随者提供了向上提升社会地位的机会。此外，他们形成了一个帮助穷人的社会福利网络。繁荣党的草根组织

---

❶ Binnaz Toprak. Islam and Democracy in Turkey [J]. Turkish Studies，2005，6（2）:167-186.

效率很高,在大城市的棚户区站点和穷人社区工作,帮助居民找工作,为病人安排床位,分发免费食物和汽油,办葬礼,探访病人,参加婚礼。通过国内外的穆斯林资金,繁荣党还在短时间内组建了自己的企业、媒体和知识分子群体。这些群体以前被世俗主义精英边缘化,现在进入了体系,赢得了政治权力、社会地位和学术影响。❶

政党制度对土耳其政治的第二个作用体现在正发党执政时期。正发党上台后,土耳其的政党体制逐渐由20世纪90年代的极端多党制转变为主导党体制,正发党一党独大,反对党力量衰弱。一般来说,主导党体制应该可以产生一个稳定的、更容易预测的政治环境,这是它的优势。但同时,主导党的党内斗争可能会加剧,腐败也可能会加剧,这些将损害土耳其民主政治。

与多党制政党体制相比,主导党体制存在的主要问题是:处于主导党地位的政党因执政地位牢固而容易自满,同时反对党力量太弱。主导党自满加上反对党力量衰弱导致国家官僚机构成为主导党政府的办事机构,政党与国家机关融为一体很容易产生腐败和滥用权力问题,这样的问题最终破坏主导党的地位。而且,由于反对党力量不强,所有利益集团都会围绕主导党开展工作以为自己争取利益,这也容易导致主导党内竞争性派别的产生,进而导致主导党党内斗争的加剧。主导党的毁灭通常都源于其内部斗争。❷ 具体到正发党政府来看,它通过自我定义为保守民主政党和中右翼政党而与之前的伊斯兰政党划清了界限。同时,其借力于入盟进程实施政治和经济改革,得到了持续的支持,拥有了"选举霸权"。正发党利用民主机制提供的有利条件,在执政期间极大地削弱了军队和司法机构的政治作用,反对党的力量也完全无法与之抗衡。过大的权力不可避免地带来了腐败问题,2012年年底曝出的腐败丑闻就是最好的例子,导致正发党三位部长辞职。

---

❶ Binnaz Toprak. Islam and Democracy in Turkey [J]. Turkish Studies, 2005, 6(2):167-186.

❷ Ali Çarkoğlu. Turkey's 2011 General Elections: Towards a Dominant Party System [J]. Insight Turkey, 2011, 13(3):43–62.

第三章

主要政治行为体透视

第三章 主要政治行为体透视

土耳其共和国建立90多年来，政党一直是政治舞台上的重要角色，这一角色在三次军事政变后曾短暂中断过。正发党上台执政后，代表资本集团利益的各企业家协会及"居兰运动"在土耳其政治生活中发挥着非常重要的作用。本章重点研究政治行为体在正发党执政期间对土耳其政治发展进程的作用和影响。

第一节 执政党

正发党成立于2001年8月，自称中右翼政党和保守民主政党。尽管正发党持中右翼政党话语，但学界普遍认为，其历史可追溯至20世纪60年代末，与土耳其历史上具有民族观背景的民族秩序党、民族救国党、繁荣党和美德党同源。

一、正发党与中右翼政党

土耳其中右翼政党的历史始于民主党。民主党1960年被取缔后，正义党成立并赢得选举上台执政，其后继者分别是祖国党、正确道路党。回顾一下正发党的执政纲领、目标、自由化政策等就会发现，它延续的是民主党、祖国党等中右翼政党的路线。中右翼政党从形成之初便声称是反对派精英的总代表，代表着对现状不满、认为现状阻止自己向上攀升的人。正发党遵循的路线是民主党开创的路线，认为民主就是通过选票将政权交给"人民真正的代表"。因此，本书认为，综合考虑应该将正发党归于中右翼政党阵营，进而将其纳入土耳其中右翼政党的演变进程中加以研究。

中右翼政党民主观的形成是一个逐渐变化的过程。中右翼在土耳其的产生，与第二次世界大战后国内的政治、经济环境，马歇尔援助计划及冷战密切相关。作为中右翼政党开端的民主党成立于20世纪40年代，其创建人都来自共和国的精英阶层，因反对共和人民党的国家主义经济政策而脱离出党、自立门派。民主党的社会基础主要是反对凯末尔改革的保守人群，他们不仅反对让宗教元素退出社会生活，还因感到被排斥而与国家关系紧张。民主党执行的是冷战时期反对左翼思想的自由政策，提倡"企业自由"和经济增长。尽管20世纪50年代土耳其人口以农民为主，但是民主党并非农民政党，而是代表着在城市化和现代化进程中要求进步的农民或小手工业者的利益，并将代表现代资本主义价值观的自由主义及其经济政策与农民传统的价值观和要求结合起来。更为重要的是，民主党还成功地将主张自由经济政策的精英领袖与反对共和国革命和文化变革政策的社会大众结合到一起，得到了企业家和保守群众的支持，自由经济话语由此在民主党发展进程中逐渐突出。民主党之后的中右翼政党也都有类似的结合。

1960年政变后，民主党被取缔。为了减少来自军队和凯末尔主义精英的压力，扩大选票优势，中右翼政党开始强调民族意志和公民政治。1971年"3·12备忘录政变"之后，这一倾向更加突出。作为民主党的继承人，正义党主席德米雷尔强调，因选举获胜而成为民族意志代表的人，其地位应远超那些通过行政命令上位的人，这才是真正的民主。

1980年政变后，所有政党均被取缔，党派领袖都被禁止从政。继民主党和正义党之后，第三大中右翼政党祖国党成为土耳其新的社会政治结构的载体。祖国党对1980年政变并无异议，相反，军政权作为干涉理由提出的"挽救国家于无政府状态"的说法，成为祖国党话语的基础。实际上，祖国党是在军政权取缔所有政党、禁止政治家从政的真空期经军方许可建立的，从这个意义上讲，其存在是由于军事干涉才出现的。祖国党强调的是自由主义和文官特性，当然祖国党对自由主义的强调是符合时代要求的。

20世纪80年代全世界都处于新自由主义政策的上升期。1991年苏联的解体导致单极世界秩序的出现，新自由主义经济政策也随之成为政治中心。

中右翼政党从一开始便建立在自由经济政策与民族主义、宗教保守意识形态的混合物基础之上。在中右翼历史中，祖国党时期尤为重要。在一个自由中产阶级力量很弱的社会，祖国党旗下汇集了民族主义者、宗教保守派和经济自由主义者。这一组合形式是当时的体制决定的，因为要想实现从进口替代资本主义向新自由资本主义的制度化转变，需要一个排除了意识形态分裂的稳定的政治环境。因此，早在1980年1月厄扎尔在总理府担任经济顾问时，他就要求一个稳定的政治环境，以顺利执行国际货币基金组织主导的结构调整。实际上，"稳定"成为以后的中右翼政治话语一直强调的东西，也成为它们制定政策的依据。

与正义党一样，祖国党也强调公民社会。对于在军政权允许下建立的祖国党来说，强调公民社会是十分明智的。正如"民主"被理解为民族的真正代表一样，公民政治在很大程度上被理解为"我们中的一员"去执政。在20世纪80年代，对于保守选民来说，厄扎尔是"我们中的一员"，他有一个与纳克什班迪教团领袖关系密切的弟弟，对宗教十分虔诚，即使在办公室也会做祷告。对于企业家们来说，厄扎尔也是"我们中的一员"，因为他领导实施的自由经济政策，特别是在宗教保守人群中产生了比埃尔巴坎的"公正秩序"更大的影响。厄扎尔给这部分人发出的信息是："你们不喜欢官方意识形态是吧？如果我们通过私有化来减少国家管理经济的权力，意识形态的压力就会消失。"[1]

实际上，厄扎尔领导的祖国党对土耳其政治和社会最大的影响是，通过实施自由化政策催生了一批伊斯兰企业家。这些企业家大多受惠于厄扎尔新自由主义经济政策，在安纳托利亚建立了自己的中、小型企业。他们的子女受过高等教育，成为第一代城市化经济精英，但他们与安纳托利亚的省份和村庄仍然保持着紧密联系。这些伊斯兰企业家对以前的政府与大

---

[1] Nuray Mert. Merkez Sağın Kısa Tarihi [M]. İstanbul: Selis Kitaplar, 2007:29-30.

企业家之间的关系感到不满,因为他们总是被排除在进口替代政策之外,政府总是愿意让有世俗倾向的大城市企业家承揽现代化项目。厄扎尔发起的以出口为导向的自由市场经济政策,改变了这些伊斯兰企业家的命运。

城市化经济精英大部分从事新兴的纺织和建筑行业,另外还有服务业、运输业和旅游业。大部分中小型企业都是家庭所有,保持家族式结构,具有保守的宗教观念。虽然他们都有传统的小资背景,在文化上被边缘化,但他们通过教育和1980年后新的经济政治条件发展自身的管理组织能力,作为安纳托利亚新的经济角色重新自我定位。

不过,由于当时所处的环境,祖国党不强调民主。中右翼政党开始强调民主是在1987年政治禁令取消后,即在正确道路党组建后,德米雷尔重新提出民主主张的背景下。

二、正发党与右翼政党

土耳其的中右翼政治与代表着极端民族主义、宗教保守主义的右翼政治之间的界限一直十分模糊。如前所述,正发党从其发源来说应该算作保守的右翼伊斯兰政党,但其强调民主和自由主义政策的特点又使它具备了中右翼政党的特性。

20世纪60年代末民族秩序党和民族行动党成立前,土耳其并没有一个有影响力的右翼政党,但这并不意味着土耳其没有右翼政治。右翼政治传统在很大程度上从一开始就得益于为成为"头等公民"而进行的斗争和民粹主义思潮。20世纪40年代初,共和人民党创建了农村学院,不仅在农村为年轻人开设理论课,还致力于培养他们的实践能力,努力使农民变成"有文化的"农民。民主党及其后的中右翼政党则承诺让农民搬到城里,让他们逐渐富裕并变成"头等公民"❶。中右翼政党给了普通民众做"头等公民"的希望,因而成为"民族的真正代表"。

正发党的发展历程中带有民族观运动背景,其核心思想是反对西化,

---

❶ Nuray Mert. Merkez Sağın Kısa Tarihi [M]. İstanbul: Selis Kitaplar, 2007:45–46.

主张土耳其自力更生，保持自身独特的价值观。1969年，埃尔巴坎开始组建民族秩序党，民族观开始政党化。民族秩序党被取缔后，其继任者民族救国党、繁荣党、美德党、幸福党都是民族观运动的政治代表。亚伍兹认为，民族观源自纳克什班迪教团，并得到了其滋养。❶

纳克什班迪教团在土耳其存在了几个世纪，分支众多，政治上相当活跃。该教团在伊斯坦布尔共有五大分支社团，其中，最有影响的是伊斯肯代尔帕夏（İskenderpaşa）社团，麦赫麦特·扎希德·考特库（Mehmet Zahid Kotku）1952年成为该社团的领袖，埃尔巴坎师从考特库。20世纪60年代，土耳其新兴企业家阶层努力摆脱国家官僚的控制。正义党利用穆斯林边缘人群的支持上台，执政后开始采取自由化政策，不过后来正义党又重返国家主义的经济政策，大力支持大企业家，导致小商人、手工业者和农民不满。1969年，纳克什班迪教团的考特库动员一些社团领袖和商人，支持埃尔巴坎当选正义党议员。由于不认同正义党的政策，埃尔巴坎于1969年大选前脱离正义党，并在考特库的支持下于1970年1月26日组建民族秩序党。民族秩序党代表着安纳托利亚传统观念和外省企业家的利益，强调伊斯兰传统价值，注重"道德"和"美德"；主张通过国家干预维持经济秩序，反对实行市场经济；反对土耳其与欧洲发展密切关系，认为"土耳其和西方国家之间的共同市场将导致土耳其被殖民化，并使土耳其遭受西方奴役"❷。

1971年军事政变后，民族秩序党被取缔，埃尔巴坎前往瑞士以逃避审判。民族救国党于1972年10月11日成立，纳克什班迪教团的成员埃姆雷成为第一任党主席。不久之后，为了减少正义党在下次选举中的选票，军事将领们支持埃尔巴坎接任民族救国党主席之职。1973年大选后，民族救国党与共和人民党建立了联合政府，又先后参加了正义党和民族行动党的民族阵线联合政府。在此过程中，民族救国党逐渐接受了与欧洲进行经

---

❶ Nuray Mert. Merkez Sağın Kısa Tarihi [M]. İstanbul: Selis Kitaplar, 2007:133-134.

❷ 李鹏涛. 土耳其伊斯兰主义政党对欧洲态度的转变 [J]. 西亚非洲, 2009（4）.

济合作的观念,但仍然反对政治合并。

1980年军事政变后,所有政党均被取缔。1983年,繁荣党成立。1987年,前政治家从政的禁令取消后,埃尔巴坎成为繁荣党主席,该党在20世纪90年代的选举中取得了辉煌成绩,并在1996年领导成立了联合政府。繁荣党最初坚决反对入盟,埃尔巴坎主张土耳其与其他穆斯林国家建立共同市场。1998年2月28日,国家安全委员会对联合政府发出警告,导致埃尔巴坎辞去总理职务(后称为"2·28进程")。随即,繁荣党被取缔,但其成员很快组成了美德党。美德党放弃了"只有秩序"的经济计划;放弃了会使土耳其孤立于西方的外交方针,支持土耳其入盟和在北约发挥作用;放弃了之前繁荣党提出的建立新的法律体系的提议,同时呼吁扩大基本权利和自由,许诺修订宪法和其他限制性的法律。然而,美德党也于2001年被取缔。可以说,"2·28进程"对土耳其右翼伊斯兰政党带来了巨大震动,它们深刻体会到如果没有民主制度保证,再多的选票也不一定能够保证它们的执政合法性。

李鹏涛认为,20世纪70—90年代,繁荣党等右翼伊斯兰政党迫于组建联合政府的需要,不得不在对欧洲政策上采取妥协态度。尽管它们反对同欧洲的政治合并,却逐渐接受了经济联合,甚至关税同盟的观念。❶ 如上所述,土耳其右翼政党的态度在逐渐转变,他们希望通过入盟加快国内的经济发展,在政治上仍保持独立。但是,"2·28进程"之后,右翼伊斯兰政党意识到欧盟的重要性,对这些政党而言,民主就意味着以军队为代表的国家精英不能再随意压制或取缔伊斯兰政党。

从20世纪80年代开始,以伊斯兰主义为名登上政治舞台的话语逐渐开始强调民主和公民的概念,这一转变无疑受到军事政变及苏联解体后世界范围内出现的有关自由主义和民主争论的影响,但决定性因素是新自由主义政策。厄扎尔和祖国党倡导的经济自由化思想在伊斯兰人士中产生了前所未有的甚至决定性的影响。作为繁荣党路线主题之一的"公正秩序"

---

❶ 李鹏涛.土耳其伊斯兰主义政党对欧洲态度的转变[J].西亚非洲,2009(4).

虽然强调社会公正，但逐渐成了只出现在党的领导层的象征性口号。与此同时，厄扎尔的经济自由化思想却拥有了跨政党的说服力，因为这种经济自由化新思维并不仅仅限于经济领域。

从宗教保守人群或伊斯兰主义者的政治路线图来看，一开始他们的路线就集中在反对凯末尔主义官方意识形态上。尽管"公正秩序"的话语强调社会公正，但它并非针对资本主义问题，正好相反，公正秩序的思想是以传统的"伊斯兰"框架为基础的，这便为中右翼经济自由主义话语的通行打下了基础。20 世纪 50 年代，保守社会群体对凯末尔主义意识形态的反对，逐渐转变为间接的资本主义主张。20 世纪 80 年代上升的新自由主义强调民主和公民社会。伊斯兰主义者认为，共和国强硬的世俗主义意识形态一直对他们的要求视而不见，因此强调"民主和自由"的话语对他们极具吸引力，并使他们与新自由主义话语走到一起。[1]

埃尔多安 1976 年加入民族救国党，在该党于 1981 年被取缔后，他又于 1983 年加入繁荣党。1997 年的"软政变"对埃尔多安的影响很大，他不想重蹈前任的覆辙。入狱经历和官司不仅使其意识到世俗机构的强大，也让他意识到应该争取民主，以保护思想和言论自由。不过，新兴企业家阶层影响的不断增强是促使正发党发生转变的最主要原因。自由化政策导致安纳托利亚产生了一个新的伊斯兰企业家阶层，这些人为伊斯兰政党提供人力资源和物质帮助。"2·28 进程"导致伊斯兰组织改变对欧盟的态度，逐渐视欧盟为转变国家意识形态、促进经济发展的天然盟友。"2·28 进程"中，这些企业家遭受了巨大损失，他们深刻意识到与国家冲突不可能增加自己的资本。类似的态度转变使繁荣党内部以埃尔多安和居尔等为代表的改革派力量得到加强，他们最终脱离了埃尔巴坎采取的与国家对抗的立场，于 2001 年 8 月组建正发党。正发党吸收了想留在民主体系内的务实的伊斯兰分子和想要寻求更多社会、政治、经济自由的自由民主派。为得到保

---

[1] Ümit Özdağ. İkinci Tek Parti Dönemi: AKP'nin Yumuşak Hegemon Parti Anatomisi [M]. Ankara: Kripto Kitaplar，2011:108-111.

守伊斯兰选民的支持，正发党重新界定了自己的政治立场，削弱了伊斯兰色彩，强调民主、法律、公正等通行理念；将入盟纳入政治平台，表示愿意与国际货币基金组织继续合作；强调与北约及与美国的伙伴关系，注重以色列对土耳其国家安全的重要性。简而言之，正发党努力把自己定义为保守的民主政党。❶ 麦尔特指出，正发党成立后，其领导人称"我从来都不是公正秩序的主张者"，"看看那时我们说过的话我都觉得吃惊"。麦尔特认为他们讲的是实话。❷

建党之初，正发党领导人就自称是追求西方式宗教自由的保守民主党派，不会走伊斯兰老路。正发党有关保守民主的新说法抹去了伊斯兰主义本质和教条的特性，强化了务实的一面。布尔哈奈亭·杜兰（Burhanettin Duran）认为，正发党通过放弃建立伊斯兰国家改变了土耳其的伊斯兰政治，但仍抱有一些伊斯兰的基本理念，如正义、进步和伊斯兰文明。它把现代民主与保守的（伊斯兰）观念结合起来，创造出新的合成物。正发党重视土耳其政治的制度化设置，注意"上—下"结构或"官僚—中央集权"结构。从某种程度上说，保守民主是解决伊斯兰与世俗主义之间冲突的办法。❸ 正发党对入盟表现出热情，很多政策都围绕着入盟进程制定，学界普遍认为这是为了战胜因其伊斯兰背景产生的合法性危机而寻求外部支持的一种努力。在《目标 2023》中，正发党阐述了自己的民主观："正发党一向主张自由与公正，视民族意愿高于一切；认为政府不是民族的主人，而是为它服务的工具。我们的民主观是多数、自由的。多数参与民主，意味着所有公民平等、公正地享受政府提供的各种机会和资源，所有人的生活方式、文化和信仰都受到尊重，都有机会表达自己的想法。我们认为，加强地方管理

---

❶ Zeyno Baran. Torn Country: Turkey Between Secularism and Islamism [M]. Stanford: Hoover Institution Press，2010:46–47.

❷ Nuray Mert. Merkez Sağın Kısa Tarihi [M]. İstanbul: Selis Kitaplar，2007:36.

❸ Burhanettin Duran. JDP and Foreign Policy as An Agent of Transformation [M]//M. Hakan Yavuz. The Emergence of A New Tukey: Deomcracy and the AK Parti. Salt Lake City: the University of Utah Press，2006:285.

是民主不可或缺的成分。因此，在执政期间，我们重视从中央下放权力到地方。"❶

如果从党内民主这个角度来考察，我们可进一步了解正发党对民主的理解和忠诚度。厄兹布同认为，土耳其的政党普遍缺乏党内民主，其具有以下特点。第一，所有政党都是高度集权的，而且中央委员会有权罢免不顺从的地方委员会，顶层领导的变化则十分罕见。第二，在选拔精英或者提名候选人方面，几乎所有的政党都倾向于由中央执行委员会提名修改候选人，而该委员会被政党领袖牢牢控制在手中。这种中央控制使政党领袖可以提名大量的新人，这些新人没有基层支持，只能完全服从政党领袖。第三，土耳其政党具有个人主义，在选举活动中，政党领袖值得信任或者其个人品质所发挥的作用要比政党在某些问题上的立场重要得多。第四，自从多党制实行以来土耳其政党就表现出一个明显特征，即严格的政党纪律，特别是在议会投票中，背叛政党路线的行为是非常罕见的。这也导致政党内部权威的高度集中。议会制度也有利于政党的高度统一，因为政府的命运取决于议会中政党的团结程度。❷

土耳其政党上述4个普遍特点在正发党身上都有体现，正发党内部缺乏党内民主。其领导层从2001年组建起就没有太大的变化，最初的埃尔多安—居尔组合持续了14年，直到2014年8月才变成了埃尔多安—达伍特奥卢组合，而且这一变化也是党内斗争引起的。亚伍兹认为，正发党的集权政治有很多原因：第一，正发党不是同质的，需要一个强硬的领导人来管理；土耳其政治一向由个人主导，人际关系比原则更重要。❸第二，埃尔多安在正发党内部拥有至高无上的地位，无论是候选人提名还是其他

---

❶ Türkiye Hazır Hedef 2023 [EB/OL]. [2014-06-02]. http://www.akparti.org.tr.

❷ 额尔古纳·奥兹巴丹. 土耳其政党的制度衰落 [M]// 拉里·戴蒙德、理查德·冈瑟. 政党与民主. 徐琳, 译. 上海：上海人民出版社, 2012:268-270.

❸ M Hakan Yavuz. Introduction: The Role of the New Bourgeoisie in the Transformation of the Turkish Islamic Movement [M]//M Hakan Yavuz. The Emergence of a New Turkey-Democracy and the AK Parti. Salt Lake City: the University of Utah Press, 2006:10.

人员选拔，都是埃尔多安说了算。早在 2008 年，埃尔多安的领导作风就改变了，大部分正发党议员都不敢向埃尔多安提出任职要求。党的小组讨论会变成了他的个人舞台，议员们不准讲话或提问，部长会议上也是如此。对外，埃尔多安对于媒体中的批评反应激烈，记者们公开批评总理就会被辞退。第三，埃尔多安拥有独特的个人魅力早已是国内外不争的事实。至于原因，正如共和人民党议员、土耳其著名学者托普拉克所说："埃尔多安有一种能够召唤人精神的魅力。如果你是一辈子被土耳其精英看不起的人，当有人抬举你时，你当然会支持他了。"❶ 第四，正发党有着严格的政党纪律。

安德鲁·芒戈（Andrew Mango）认为，土耳其政治是向选民提供服务的政治，衡量一个政策是否成功就要看它对人民物质环境的影响。❷ 亚伍兹也指出，在土耳其，我们看到的是后伊斯兰主义从身份政治到服务政治（服务政党）的转变。正发党不是一个身份政党，而是一个努力提供更好服务的政党。它不致力于发展或阐明伊斯兰或其他身份，而是努力使国家融入新自由经济和政治领域。❸

麦尔特提出，土耳其正在走向"文官专制一党体制"❹。厄兹达也认为，正发党实施的是托管式民主，这种民主拥有民主的最基本要素，它通过自由公正的选举产生议会和政府，却将民主秩序置于控制之下。从政治意义上说，正发党不是一个保守政党，它的基本特点是功利主义，主张经济自

---

❶ Binnaz Toprak. Türkiye'deki Sosyolojik Tabloyla CHP'nin %40'lar Alması Çok Zor [EB/OL].（2014-04-22）[2014-04-29]. http://www.baskahaber.org/2014/04/binnaz-toprak-turkiyedeki-sosyolojik.html.

❷ Andrew Mango. Religion and Culture in Turkey [J]. Middle Eastern Studies，2006，42（6）：997-1032.

❸ M. Hakan Yavuz. Introduction: The Role of the New Bourgeoisie in the Transformation of the Turkish Islamic Movement [M]//M. Hakan Yavuz. The Emergence of a New Turkey-Democracy and the AK Parti. Salt Lake City: the University of Utah Press，2006:4.

❹ Ümit Özdağ. İkinci Tek Parti Dönemi: AKP'nin Yumuşak Hegemon Parti Anatomisi [M]. Ankara: Kripto Kitaplar，2011:208.

由和政治专制。❶

2013年2月，土耳其中东问题专家、报刊专栏作者索里·厄泽尔（Soli Özel）教授在接受笔者采访时表示，正发党是民主化力量，但它本身不是自由民主的主张者，"伊斯兰知识分子主张民主和人权，不过在他们看来，民主只是一系列代表机构，是自由的选举体制，不是多元主义、文明和忍耐。这一矛盾认识成为土耳其民主发展的主要障碍"❷。

第二节　商业协会

亚伍兹指出，土耳其的转型与多数中东国家不同，除了经济和社会转型，土耳其同时还经历了意识形态和政治转型。20世纪80年代厄扎尔主导实施的新自由主义经济政策及之后的入盟改革，使社会与政治权力的重心从文官和军队转移到了企业家主导的公民联盟。与凯末尔主义的现代化、民族、世俗主义和主权概念相比，民众更愿意支持这一转型。由于汲取了欧盟的政治观念和规则，企业家阶层成为土耳其政治改革的主要支持者，他们发挥着纽带作用，将社会上的保守群体与正在改变的政治结构联系起来。可以说，新兴企业家阶层正在重塑土耳其的政治蓝图。❸

土耳其有很多企业家组织，其中有三个发挥着举足轻重的作用，它们分别是土耳其工商协会（TUSİAD）、土耳其独立工商协会（MUSİAD）和土耳其工商联盟（TUSKON）。这些协会一方面谋求不断扩大的经济和政治利益；另一方面又以不同的文化模式为基础，努力影响社会变革的方向。

---

❶ Ümit Özdağ. İkinci Tek Parti Dönemi: AKP'nin Yumuşak Hegemon Parti Anatomisi [M]. Ankara: Kripto Kitaplar, 2011:193.

❷ Michelangelo Guida. The New Islamists' Understanding of Democracy in Turkey: The Examples of Ali Bulac and Hayredding Karaman [J]. Tukish Studies, 2010, 11（3）:347-370.

❸ M Hakan Yavuz. Secularism and Muslim Democracy in Turkey [M]. New York: Cambridge University Press, 2009:267-268.

一、土耳其工商协会

土耳其工商协会（TUSİAD）成立于 1971 年，以伊斯坦布尔为中心，协会的成员主要是各领域的家族企业集团，经营范围从钢铁、水泥、汽车、造纸、食品，到弹药、小武器、军用汽车和火箭系统等。20 世纪 70 年代初，私人企业还是一种令人心生疑虑的现象。有关工商协会的创建目的，有以下几种说法：一是"适应宪法规定的混合经济原则和阿塔图尔克原则，帮助土耳其民主地、有计划地崛起，达到西方文明水平"；二是"私人企业对国家繁荣与社会和平具有责任"❶；三是"70 年代左翼的暴力活动频繁，那时企业家被劫持和索要赎金，此类针对私企的活动使企业家们认识到团结起来的必要性。土耳其工商协会就是这场运动的开端"❷。

20 世纪 70 年代，政府主要实行国家主义经济政策，工商协会则主张经济应向自由市场过渡。20 世纪 80 年代，土耳其打破政治和官僚束缚，在经济上采取重大举措，工商协会在该时期的主要作用是落实市场经济原则。1980 年后，土耳其开始实行经济自由化和对外开放，工商协会根据形势调整政治经济目标。1983 年，厄扎尔上台执政，包括总理本人在内，厄扎尔政府中有 12 位部长来自私人企业，其中大部分是工商协会的成员。政府着手接纳工商协会的建议，对经济体制进行改革。工商协会十分关注诸如如何实现经济的良好运转、自由化、取消限制、减少官僚干预等与政策密切相关的问题，与政策制定者及政府之间摩擦不断。1985—1995 年的 10 年间，土耳其虽然逐渐实现了向自由市场经济的过渡，但存在一些制度化问题，工商协会因此建议政府借鉴一些国际惯例和做法。1995 年年底，随着土耳其加入欧洲关税同盟，工商协会开始关注国际经济一体化及市场

---

❶ Eylem Türk. TÜSİAD, Patronlar Kulübü-Ekonomi Ve Siyasetin Merkezindeki Bir Derneğin Öyküsü [M]. İstanbul: Alfa Basım Yayım Dağıtım, 2009:13.

❷ Eylem Türk. TÜSİAD, Patronlar Kulübü-Ekonomi Ve Siyasetin Merkezindeki Bir Derneğin Öyküsü [M]. İstanbul: Alfa Basım Yayım Dağıtım, 2009:14.

经济需要的法律和制度。当前，工商协会的主要议程是土耳其加入欧盟，其人员安排、选举、组织活动等全部按照该议程进行。

工商协会在土耳其的经济中占有重要位置。截至2007年年底，工商协会共有576名成员，这些成员旗下的公司、集团或控股公司超过1300家。工商协会成员的进、出口额分别为4440亿美元和4770亿美元，进口占土耳其总额的26.1%，出口占44.5%。❶ 根据工商协会官网的最新数据，工商协会成员创造的附加值占全国私企总附加值的将近一半，土耳其私企员工中近一半受雇于工商协会的成员公司。除去能源进口，工商协会成员公司总的外贸额占全国外贸总额的80%。此外，工商协会成员公司是国家重要的税收来源，特别是机构税收中很大部分是工商协会的成员直接或间接缴纳的。

工商协会的大部分成员起家于20世纪30年代国家主导的工业化项目，政府高级官员在参与这些项目公司的组建中身份发生了转换，从官僚变成了私企业主。私企在制造业等领域与军队合资经营，得到军方不少帮助。由于浓厚的官方和军方背景，协会与国家官僚联系日益紧密，对国家的支持也十分依赖，因此，支持国家推行的世俗主义意识形态也就成为协会自然而然的选择。

工商协会对土耳其的经济和政治生活产生了重大影响。由于土耳其共和国成立后一直推行国家主义经济政策，在很长一段时间里，企业家的社会地位和作用十分模糊。直到20世纪50年代末，私企一直避免与政府背道而驰，努力与反对派拉开距离。1960年后，受益于政府的替代政策，企业家富裕了，特别是大企业家的社会地位得到了提升。20世纪60—80年代，土耳其的企业家群体逐渐成长为一支有影响力的经济力量。与此同时，由大企业家组成的各种协会常常直接向政府施压，干涉政治，并利用媒体表达意见，希望他们的要求能获得法律保障。❷

---

❶ Eylem Türk. TÜSİAD, Patronlar Kulübü-Ekonomi Ve Siyasetin Merkezindeki Bir Derneğin Öyküsü [M]. İstanbul: Alfa Basım Yayım Dağıtım, 2009:4.

❷ Eylem Türk. TÜSİAD, Patronlar Kulübü-Ekonomi Ve Siyasetin Merkezindeki Bir Derneğin Öyküsü [M]. İstanbul: Alfa Basım Yayım Dağıtım, 2009:5.

工商协会的最初目标是"不过分参与政治",但在工商协会第二代领导人丁奇科克(Dinçkök)之后,工商协会很快放弃了最初的目标,开始在社会和政治领域开展活动,就土耳其的重要问题进行调研并提交舆论讨论。20世纪70年代,由于埃杰维特政府拒绝加入欧洲共同体,工商协会于1978年向其"开战",在征得军方同意后,展开了一场为期8天的批评政府经济政策的系列声明运动。埃杰维特对声明反应强烈,表示"这个国家不是靠企业家备忘录来建立或解散政府的,在这个国家人民说了算,而不是剥削人民的人"。尽管如此,这些声明在中期选举中发挥了作用,共和人民党大败,但工商协会管理层从未承认过通过声明推翻政府之事。有意思的是,几年后埃杰维特再次当选为总理,这一次工商协会对他表示支持,发表声明:"土耳其有了正在改变的埃杰维特,一定会成为更好的国家。"❶2001年危机过后,埃杰维特领导的政府再次遭到工商协会的严厉批评,工商协会要求经济危机后应完善选举法和政党法,应进行选举以形成更加稳定的制度。这一言论引起巨大反响,埃杰维特呼吁工商协会不要破坏社会和解的基础,提醒其1978年的声明事件就曾导致政府辞职,这次不该重蹈覆辙。

1980年军事政变后,土耳其工商协会像其他协会一样被取缔。工商协会威胁说要在美国进行院外活动,因此其活动很快得以恢复,并且是第一个恢复活动的协会。厄扎尔执政后土耳其再次正式申请加入欧共体,在此期间工商协会加入了商业欧洲组织,以帮助土耳其发展对欧关系。正是在这段时间,在萨克普·萨邦齐(Sakıp Sabancı)领导下,工商协会开始从一个保护企业家利益的组织转变为主张全社会利益的组织。❷工商协会在报纸上发表了大量声明,批评国家主义经济政策,主张市场经济,撰写各种报告以影响和引导舆论。1987年,工商协会成立了媒体办公室,开始通

---

❶ Eylem Türk. TÜSİAD, Patronlar Kulübü-Ekonomi Ve Siyasetin Merkezindeki Bir Derneğin Öyküsü [M]. İstanbul: Alfa Basım Yayım Dağıtım, 2009:27.

❷ Eylem Türk. TÜSİAD, Patronlar Kulübü-Ekonomi Ve Siyasetin Merkezindeki Bir Derneğin Öyküsü [M]. İstanbul: Alfa Basım Yayım Dağıtım, 2009:36.

过媒体表达要求和意见，工商协会主席也频繁通过媒体办公室批评政府的经济政策。

20世纪90年代，人们普遍感到市场经济原则并未被所有机构贯彻，于是工商协会把工作重心转向了落实市场经济政策上。从90年代开始，工商协会在经济、政治、社会领域加大调研力度，提出各种建议和报告。坦苏·齐莱尔（Tansu Çiller）在20世纪90年代曾为工商协会起草过调研报告，当时她还在海峡大学任教，她的丈夫厄泽尔·齐莱尔（Özer Çiller）是工商协会成员。除了进行调研，坦苏·齐莱尔还参加过工商协会组织的会议，媒体也广泛报道过她对祖国党经济政策的批评。1993年，坦苏·齐莱尔赢得议会信任就任总理，时任工商协会主席的哈利斯·科米里（Halis Komili）和萨邦齐称她为"变革、发展和民主化的转折点"。不过不久，这种热情的支持就被双方的紧张气氛所取代，先是科米里表示"政府的未来不明确"，接着1993年8月工商协会发表了激进的声明，提出"必须提前进行选举"。而后，萨邦齐也批评坦苏·齐莱尔："如果您干不了，就不要坐在那个位子上。"❶1995年12月24日，政府提前举行大选，繁荣党得票率最高，但工商协会仍在报纸上声明，希望组建祖国党—正确道路党联合政府。坦苏·齐莱尔在祖国党—正确道路党联合政府倒台后，与繁荣党组建了联合政府。这一次工商协会又支持祖国党，要求提前选举。

坦苏·齐莱尔执政期间，土欧关税同盟于1996年开始实行，在此之前工商协会进行了大量院外游说。1997年2月28日，国安会做出决定，一方面迫使繁荣党—正确道路党政府做出保护世俗主义的决定，另一方面努力形成一种反对政治伊斯兰政权的舆论。不久，包括工商协会在内，不少拥有广大群众基础的机构开始反对政府。埃尔巴坎很快提出辞呈，宪法法院取缔了繁荣党，并禁止部分领导人从政。❷

---

❶ Eylem Türk. TÜSİAD, Patronlar Kulübü–Ekonomi Ve Siyasetin Merkezindeki Bir Derneğin Öyküsü [M]. İstanbul: Alfa Basım Yayım Dağıtım, 2009:43.

❷ Faruk Ataay. Neoliberalizm Ve Muhafazakar Demokrasi: 2000'li Yıllarda Türkiye'de Siyasal Değişimin Dinamikleri [M]. Ankara: De K' Basım Yayım, 2008:76.

制度设计与政治文化
基于土耳其 2002—2014 年的案例

1999 年 12 月，土耳其在赫尔辛基峰会上被宣布为欧盟正式候选国，工商协会为争取这一资格走访了 11 个欧洲国家。2002 年和 2004 年，欧洲理事会分别召开哥本哈根和布鲁塞尔理事会会议，在此期间工商协会几乎走访了所有欧盟国家，与各国部长、总理和总统进行会谈，表示土耳其的入盟目标得到了公民社会的广泛支持，是一项社会计划。

随着经济自由化、民主传统和实践的发展，私企是国家经济不可分割的一部分的观点也为人接受。面对新的形势，工商协会于 2001 年对其目标进行了调整："土耳其工商协会致力于以阿塔图尔克现代文明目标和原则为基础的社会结构的发展，致力于让民主的公民社会和世俗的法治国家观念深入人心。为达到上述目标，协会将把自己的观点和建议直接向议会、政府、外国政府、国际组织表达，也将继续通过媒体向民众表达。"❶

工商协会的部分成员与文官、军队官僚之间关系紧密，因此倾向于不关注军队对文官政治的频繁干预。例如，1997 年 2 月 28 日军队发动"后现代军事政变"，繁荣党联合政府辞职，军队的行动削弱了伊斯兰企业家的竞争力，工商协会的老一代成员很高兴，但是年轻一代反对军队干政。在埃尔多安被禁止参加政治活动期间，工商协会通过民主报告和报刊声明积极呼吁取消政治禁令。

1991—2002 年的几届政府均未能解决经济停滞和政治不稳定的问题，正发党填补了急速衰落的中右翼政党留下的真空，开始吸引伊斯兰以外更广泛的人群。同时，大企业家们认为，中间政党已失去选民支持，一般的民主机制很难保证新自由主义政策的实施，因而他们倾向于将国家经济置于国际货币基金组织监督之下。正发党领导人一直表示要坚持新自由主义政策，与国际金融机构合作，大企业家对此感到满意。另外，2000 年年底至 2001 年年初发生的经济危机导致下层阶级严重不满，社会渴望变革，大企业家认为正发党是一次机会，有可能将源自下层的社会动荡和不满通

---

❶ Eylem Türk. TÜSİAD, Patronlar Kulübü–Ekonomi Ve Siyasetin Merkezindeki Bir Derneğin Öyküsü [M]. İstanbul: Alfa Basım Yayım Dağıtım, 2009:48.

过正发党在体制内消化，于是选择支持正发党。❶

正发党上台后，尽管工商协会与埃尔多安之间的关系不时出现紧张，但在入盟问题上双方一直保持合作。2005年9月，埃尔多安与包括工商协会在内的47个公民社会组织的代表开会，讨论入盟进程。埃尔多安表示，欧洲人的消极态度将因公民社会组织的工作而发生改变。2008年年底，居尔总统参加了工商协会的年会，企业家们在会上提出了对政府的批评和期望。❷

从20世纪90年代开始，工商协会总的来说是支持土耳其入盟的，他们视欧盟为国际约束机构，认为哥本哈根政治标准有助于土耳其的民主化改革。他们对人权和民主的重视与其经济利益紧密相联，担心土耳其会因为人权记录而失去与欧洲的商业联系，从而引发可怕的经济后果。在年轻成员的影响下，工商协会开始反对凯末尔主义国家在社会、文化和司法领域的抑制性做法。工商协会支持欧盟要求的政治改革，以及国际货币基金组织要求的经济改革，并于1997年、1999年和2001年先后发表了三份有关土耳其民主化进程的报告。三份报告都强调国内政策应该根据国际标准进行调整，应该改变那些限制个人自由和文化权力表达的法律规定。同时，工商协会也誓言保卫土耳其的世俗化。另外，尽管工商协会广泛支持正发党的《发展与民主化纲领》，但由于工商协会之前与凯末尔主义国家联系密切，因此它与正发党的跨阶级联盟保持着距离。❸

土耳其各界普遍认为，工商协会是土耳其最重要的公民社会组织。尽管工商协会有时与某个政党意见相左，但由于执政党不断变化，所以工商协会并不是根据政党，而是根据原则表达意见的。"协会相信经济自由

---

❶ Faruk Ataay. Neoliberalizm Ve Muhafazakar Demokrasi: 2000'li Yıllarda Türkiye'de Siyasal Değişimin Dinamikleri [M]. Ankara: De K' Basım Yayım, 2008:80–81.

❷ Eylem Türk. TÜSİAD, Patronlar Kulübü–Ekonomi Ve Siyasetin Merkezindeki Bir Derneğin Öyküsü [M]. İstanbul: Alfa Basım Yayım Dağıtım, 2009:146.

❸ Yıldız Atasoy. Islam's Marriage With Neoliberalism: State Transformation in Turkey [M]. New York: Palgrave Macmillan, 2009:114–116.

化。你可以认为它是老板俱乐部,但不能认为它是为老板的利益服务的。协会支持建立一个不带党派意见处理国家优先利益的政府,如果政府因意识形态而偏离经济自由化,我们会提醒政府,提出反对意见并寻求舆论支持。"❶

为争取与欧洲实现关税同盟,工商协会于1996年5月在布鲁塞尔设立代表处,与欧洲企业界建立了更为密切的联系,希望通过在经济领域与欧洲发展关系改善土欧政治关系。1998年,工商协会在华盛顿开设办事处。工商协会认为,为保护和发展民族经济和政治利益,在对美关系中应重视华盛顿的所有立场。为此,工商协会与美国的政治机构、公民社会组织、学术界和媒体一直保持联系。

在欧盟理事会赫尔辛基峰会之前,为向外部寻求支持以使土耳其成为候选国,工商协会在德国、比利时、瑞士、芬兰、意大利、法国和荷兰都进行了院外活动,通过工商协会联系而安排的欧洲之行都是总理级别以上的。另外,为打破欧洲媒体对土耳其的成见,让欧洲了解土耳其,工商协会还于2005年年初成立了"国外交流委员会"。

二、土耳其独立工商协会

土耳其独立工商协会(MUSİAD)成立于1990年5月,代表土耳其中小企业家的利益。刚成立时,该协会只有12名成员,1997年增加到1153名,2000年独立工商协会成员规模不断壮大。截至2015年5月,独立工商协会有7000多名成员,代表35000个企业,为150万人提供就业机会。协会成员公司的传统经营领域是劳动密集型产业,如纺织、服装、皮革、地毯、建筑及建筑材料、食品加工和运输,其优势在于出口竞争;20世纪90年代中期涉足杂货零售业、家具制造、计算和电子产品、银行和媒体。

---

❶ Eylem Türk. TÜSİAD,Patronlar Kulübü–Ekonomi Ve Siyasetin Merkezindeki Bir Derneğin Öyküsü [M]. İstanbul: Alfa Basım Yayım Dağıtım,2009:78–80.

根据 2008 年的统计，独立工商协会有 4000 多名成员，这些成员旗下的公司中有 3000 家位于安纳托利亚不同城市，不过，多数成员公司倾向于把精力放在伊斯坦布尔。其绝大部分成员公司是中小型的，雇员超不过 50 人。土耳其工商协会 80% 的成员公司建立于 1980 年前，独立工商协会 70% 的成员公司则建立于 1980 年后。国家对经济的干预对独立工商协会成员的公司没什么好处，因此他们强烈支持新自由主义经济改革。保守的企业家们代表的是政治伊斯兰中向上层社会流动的人，他们不仅受益于政府日益宽容的态度，还受益于 1980 年后政府实施的以出口为导向的增长战略。不过，他们从不认为政府是其未来资本积累事业的天然盟友。相反，他们认为政府的经济政策（有关补贴、贷款、公共合同、减税等）对中小企业的成长充满歧视和敌意。

独立工商协会作为土耳其经济的重要组成部分，其成员公司的产值占全国国民生产总值的 15%，工商协会成员公司的产值则占全国国民生产总值的 40% 以上。从某种意义上讲，独立工商协会是工商协会的一种替代选择。有土耳其学者认为，独立工商协会是"装饰着伊斯兰特色的资本主义"，它与很多民族垄断公司有直接关系。表面上看，工商协会支持西化而独立工商协会支持伊斯兰，但实际上它们之间的矛盾和冲突并不是源自体制，而是为了争夺市场。[1] 独立工商协会希望在国内外都能增加市场份额，其成员经常前往世界各地，与很多国际公司建立了多方位关系。

独立工商协会努力把资本主义的经济体制原则与伊斯兰信仰和生活方式相结合，其成员支持政治伊斯兰，也得到了政治伊斯兰的支持。独立工商协会的很多成员都曾就读于一流的国家公立大学，这使他们有机会向上流动。同时，独立工商协会的大部分成员接受过非正式的宗教教育。独立工商协会定期组织"国际企业论坛"，并与世界经济论坛组织展会，也在伊斯兰会议组织框架内组织年度展会。

---

[1] Mustafa Peköz. İslamcı Cumhuriyete Doğru [M]. İstanbul: Kalkedon Yayıncılık, 2009:372-373.

20世纪90年代受繁荣党影响,独立工商协会努力建立"伊斯兰经济""无息金融"等经济模式,以"正义秩序"为口号吸引劳动阶层的支持。在"2·28进程"中,独立工商协会成为被攻击的目标,很多独立工商协会成员被列入贸易黑名单。直到正发党上台前,独立工商协会都高喊"资本无颜色"的口号,以缓解与政权之间的紧张关系。独立工商协会的这种变化带来两个结果:第一个结果是它开始承认新自由主义模式,放弃寻求"伊斯兰经济";第二个结果是美德党中的改革派另谋他途,组建了正发党。从建党之初,正发党即放弃寻找替代新自由主义的伊斯兰模式,努力与自由市场模式及国际金融机构保持一致。因此,正发党一开始就得到了独立工商协会的支持。

独立工商协会与文官、军方的关系呈现出与工商协会不同的特点。尽管独立工商协会从未正式与繁荣党进行过合作,但它与繁荣党关系很近是众所周知的。其董事会成员的政党身份也很耐人寻味。以1996年为例,在董事会成员中有17人是繁荣党党员,3人是祖国党党员,2人是大统一党(Büyük Birlik Partisi)党员,这三个政党都与伊斯兰组织和教团有关联。此外,有10人是正发党的创始人。2002年,有20名独立工商协会成员当选为正发党议员。独立工商协会在选举中多次为正发党提供财政帮助,其大多数成员与正发党互为一体,也有一部分人与幸福党有关系。❶由此不难想象,独立工商协会的成员拥有很强的伊斯兰主义倾向。在繁荣党与正确道路党联合政府短暂执政时期,独立工商协会成员经常陪埃尔巴坎总理出访,并在出访时就土耳其的外贸政策做出官方承诺,通过政府代表团拿到不少合同。在分配国际货币基金组织贷款时,联合政府甚至会给予独立工商协会成员优先分配的待遇,这些贷款对于企业的发展当然也产生了促进作用。

"2·28进程"之前,独立工商协会一直希望通过与繁荣党结盟得到

---

❶ Mustafa Peköz. İslamcı Cumhuriyete Doğru [M]. İstanbul: Kalkedon Yayıncılık,2009:369–373.

更大的政治代表权,但"2·28进程"之后,他们意识到"挑战土耳其的世俗力量是死路一条",由此实施新的战略,开始提出民主建议,以得到与其不断增长的经济表现相称的政治代表性。为了撇清与政治伊斯兰的关系,独立工商协会称"钱是没有宗教性的"。同时,在美德党内部发生分裂时,独立工商协会毫不犹豫地力挺持改革主张的埃尔多安、居尔和阿勒奇。独立工商协会成员大多来自安纳托利亚小城市,但自20世纪80年代中期开始,较成功的亲伊斯兰集团已经进入大企业家的行列,其中有些落户伊斯坦布尔,但它们同时又与安纳托利亚的城镇乡村维持着紧密联系。凯末尔主义在传统上排斥安纳托利亚的小企业家,因此,独立工商协会与凯末尔国家机器关系很淡。上述局面是正发党得以成功组织跨阶级选举联盟的关键因素。

2000年,独立工商协会出版了《宪法改革与政府的民主化》一书。从其中的改革建议可以看出,它提出的是民主化与新自由主义的混合物,如建立一个更小的、更少官僚化的政府,主张建立更强的公民社会、行政权力去中央化、消除军队对文官政治的影响、对个人权力和自由的全面保障等。同时,不难发现独立工商协会的民主改革建议针对的主要是世俗主义机构,包括减少军队、总统、高级法院、高教委的权力。

此外,独立工商协会希望建立穆斯林自由贸易区,同时也支持土耳其加入欧盟,拥护欧盟和国际货币基金组织主导的市场一体化进程和民主化进程;希望在欧洲安全与合作组织框架内每年主持召开两次会议,以加深与欧洲企业集团的联系与合作。为此,独立工商协会在布鲁塞尔设立了联络中心,努力帮助其成员进入欧洲经济领域。❶

综上所述,土耳其新兴穆斯林企业家的主要特点是将宗教信仰与自由市场资本主义相结合,有关民主的提议只是企业家们的一种政治战略,以此努力扩大其在国家、其他社会阶层及国际经济—地缘政治机制复杂网络中的利益。

---

❶ Mustafa Peköz. İslamcı Cumhuriyete Doğru [M]. İstanbul: Kalkedon Yayıncılık, 2009:118.

三、土耳其工商联盟

土耳其工商联盟（TUSKON，简称"工商联"）成立于1993年，是一家非营利性的公民社会机构，截至2014年年底，下辖7个联合会，211个企业家协会，在土耳其各地有3.3万名成员和5.5万名活动家，其成员共拥有14万家企业。❶

根据其官网介绍，工商联自2005年以来一直关注土耳其的经济与社会发展，关注其成员的事业成就。为实现与全球市场的一体化，工商联密切跟踪全球经济形势。除关注成员企业发展，它也注意向土耳其的其他企业提供必要信息，为国内外企业牵线搭桥，帮助其结对合作。同时，作为公民社会组织，工商联努力为土耳其的政治、社会和经济问题提出建设性解决方案。为解决土耳其面临的经常账户高额赤字问题，工商联帮助企业寻找出口对象，提高小企业的出口能力。

土耳其媒体经常提及的一点是工商联与"居兰运动"的关系。实际上，它与独立工商协会一样，都是受益于厄扎尔时期的经济政策才发展起来的。"9·12"政变打击了左翼，同时鼓励了伊斯兰保守分子，厄扎尔邀请他们进入公共领域，重新建立政府—社会关系。20世纪80年代，"居兰运动"在教育领域快速发展，培养了大批追随者。这些人中有商人、教师、作家、记者，他们分布在教育文化领域和政府部门。从20世纪90年代开始，支持"居兰运动"的企业家在全球化、新自由主义等问题上与持民族观主张的企业家产生了意见分歧，因此当独立工商协会于1990年成立时，支持"居兰运动"的企业家并没有加入，而是以企业生活团结协会（İSHAD）和自由工商协会（HÜRSİAD）为保护伞组织起来。之后，支持"居兰运动"的企业家在全国各地建立起协会，1993年这些协会共同组成了土耳其工商联盟。工商联主席认为，土耳其工商协会在欧美市场开展贸易活动，独立工商协会在中东市场活动，工商联则在非洲、南美和远东开展活动。

---

❶ 土耳其工商联盟在2016年的"7·15"未遂军事政变后已被取缔。

正发党执政前，在各市政府工作的支持伊斯兰政治运动的官员就曾为伊斯兰资本提供了不少机会。正发党执政后，公共投资和开支更是为这些企业家进行资本积累提供了极大便利。土耳其总的政府开支约占国民收入的36%，也就是说，平均每年有2500亿~2600亿美元的政府开支。对于远离监管的埃尔多安政府来说，集体住房管理委员会（TOKI）的项目、市政建设、以双向车道为重点的公路建设和其他建设投资，以及国家的公共开支为其"支持者们"提供了巨大的机会。❶ 工商联曾经也在正发党的支持者阵营中，与正发党的关系一度十分亲密。2012年3月工商联第4届会议上，埃尔多安表示，"我代表我个人、国家和民族向土耳其工商联盟及其成员表示衷心的感谢，感谢他们让世界了解土耳其，他们把星月旗，把我们伟大的民族带到了世界上最远的国家和城镇。……土耳其依靠成功的建筑合同、成功的企业家、学校和教师赢得了人心"❷。

2013年"12·17"反腐事件之前，工商联与政府关系一直非常亲密，"居兰运动"在包括非洲国家在内的近150个国家开办了学校，开展商业活动，政府视这些贸易活动为对西方贸易的替代品，政府代表团出访时工商联的代表可以陪同出访，与正发党政府的亲密关系确保工商联得到了大量贸易和投资优惠，建立了从非洲到东亚的工商联贸易网络。正发党政府的副总理阿勒奇（Bülent Arınç）曾提到2010年他担任国务部长时的一次经历："2010年我要去乌干达参加企业论坛，当时使馆还未建好。我联系了工商联，让他们派企业家随我去开会。结果我们带了40名企业家，签署了不错的协议。"❸

"12·17"事件改变了工商联与政府的关系。正发党与"居兰运动"

---

❶ Tuskon'la Müsiad Birbirine Girecek [EB/OL]. （2012–02–20）[2014–10–30]. http://www.odatv.com/n.php?n=tuskonla-musiad-birbirine-girecek-2002121200.

❷ Başbakan TUSKON'da Konuştu [EB/OL]. （2012–03–31）[2014–10–30].http://www.sabah.com.tr/Ekonomi/2012/03/31/basbakan-erdogan-konusuyor.

❸ Bülent Arınç'tan Önemli Açıklamalar [EB/OL]. （2014–01–30）[2014–10–30]. http://www.hurriyet.com.tr/gundem/25698127.asp.

的矛盾白热化，二者的冲突延伸到资本领域，独立工商协会支持正发党，工商联则支持"居兰运动"。在如何分配 2500 亿美元的公共开支问题上，两个商业团体之间的战争不可避免。"12·17"事件后，埃尔多安针对"居兰运动"提出，"他们想做反对派，就该建立政党，参与政治"。对此，工商联主席勒扎努尔·梅拉尔（Rızanur Meral）回应说："政治舞台是为国家服务的地方，不是挣钱的地方。想挣钱的政治家，我们请他们放弃政治，参加公平竞争，成立公司，来当企业家。"❶ 针对政府官员腐败案，工商联发表声明说："政府里受贿的人就像是癌症，不及时采取措施阻止它发展的话，就会扩散到整个身体，毁灭国家。"❷ 另外，他还表示，"有些企业家想知道他们交纳的税款及国家资源是如何使用的，这是我们最自然的权利"。

当然，政府对工商联也采取了行动。梅拉尔在接受采访时称，"12·17"行动之后，情报机构、财政官员，甚至一些企业家协会都与工商联成员进行了会晤，威胁工商联，让他们改变立场，否则就让他们进黑名单。❸ 不过，工商联似乎没有被吓倒，在 2014 年 10 月土耳其法官检察官高级委员会选举之前，工商联发表声明，表示反对改变委员会的结构和功能，反对将司法部门隶属于司法部，因为这将妨碍司法独立。工商联的声明认为，"2010 年全民公决以 58% 的赞成票使得法官检察官高级委员会成为更独立的机构，改变这一点将是对 2010 年民族意志的不敬和背叛"❹。

---

❶ TUSKON'dan Erdoğan'a Misilleme [EB/OL]. [2014–10–28]. http://www.haberdar.com/tuskon–dan–erdogan–a–misilleme–3975016–haberi.

❷ TUSKON'dan Flaş Operasyon Açıklaması [EB/OL].（2013–12–23）[2014–10–28]. http://www.hurriyet.com.tr/ekonomi/25427247.asp.

❸ TUSKON Başkanı'ndan Şok Iddia [EB/OL].（2014–02–28）[2014–10–30]. http://www.hurriyet.com.tr/ekonomi/25913999.asp.

❹ TUSKON'dan Çok Sert HSYK Değişikliği Açıklaması [EB/OL].（2014–01–13）[2014–10–28]. http://www.hurriyet.com.tr/ekonomi/25558873.asp.

第三节 "居兰运动"

"居兰运动"曾是土耳其最富有的宗教团体之一，拥有学校、杂志社、报社、电视台、电影公司、广播公司、保险公司和一个名为"亚洲金融"的机构，建立了强大的金融帝国。"居兰运动"曾兴办了很多教育机构，截至 2003 年，"居兰运动"拥有 79 所大学预科学校、约 200 所高中、7 所大学、50 所私立高中。❶ "居兰运动"曾在伊斯坦布尔拥有多个基金会，管理大量宿舍。❷

"居兰运动"也曾与土耳其多届政府建立了不错的关系，包括正发党政府。但是 2014 年年底，正发党政府与"居兰运动"的关系彻底破裂，开始称其为"平行政府"，2015 年将其定性为恐怖组织。❸ 尽管如此，本书的研究对象为 2002—2014 年的土耳其内政，作为这一时期土耳其举足轻重的政治行为体，对"居兰运动"的研究无可避免。本节将介绍"居兰运动"的发展、影响及其与正发党关系的演变。

一、"居兰运动"的发展及其影响

学界普遍认为，"居兰运动"源自努尔朱运动（Nurcu）。与一般伊斯兰运动相比，努尔朱运动更为温和。它反对暴力，主张维护社会秩序与安定，强调教育，重视穆斯林意识的培养。努尔朱运动的创始人是萨伊德·努尔

---

❶ M Hakan Yavuz. Islamic Political Identity in Turkey [M]. New York: Oxford University Press, 2003:192–194

❷ 比如，土耳其高等教育青年与特长基金会曾管理 37 所宿舍，马尔马拉教育与文化基金会曾管理 26 所宿舍。

❸ 2014 年 12 月，"居兰运动"与正发党政府关系破裂，此后一直被称作"平行政府"。2015 年 4 月，安卡拉首席检察官在起诉书中首次改称其为"费图拉恐怖组织"（土耳其语缩写为 FETÖ）。2015 年 10 月，居兰作为恐怖分子被土耳其内政部列入红色通辑令名单。

西（Said Nursi）❶。1960年努尔西去世后，努尔朱运动开始分裂。20世纪70年代初，居兰在伊兹密尔脱离了努尔朱运动，开始组建自己的社团。亚伍兹认为，"居兰运动"的发展经历了三个阶段：1966—1983年逐渐形成规模，1983—1997年现身公共领域，1997年后进一步发展壮大。❷

1966年，居兰被宗教事务局指派到伊兹密尔布道，同时在古兰经学校工作。与同时期的伊斯兰运动一样，居兰利用20世纪60和70年代国家政策带来的机会，想方设法进入教育、媒体和其他城市公共空间。1971年军事政变时，居兰及其他有影响的努尔朱成员被捕入狱，政治机会结构❸变得对伊斯兰运动非常不利。出狱后，居兰竭力避免直接参与政治活动，致力于组建教育机构。居兰及其追随者建立了很多暑期夏令营和被称作"光明之家"的补习班，形成了"居兰运动"初期的网络。这些网络被用来动员新的资源，积累社会资本。20世纪80年代初，土耳其政治环境趋稳，对宗教的态度转温和，"居兰运动"开始利用新的政治、法律和经济机会空间，将创建"黄金一代"❹的想法付诸实践。1983年后，土耳其的教育体系开始了私有化改革，居兰及时抓住这一机遇，借助其在教育领域的实践和影响力，迅速成为土耳其伊斯兰舞台上的领军人物。

美国学者杰克·A. 戈德斯通（Jack A. Goldstone）提出，有些社会运动是通过热情拥抱国家和想要与社会运动保持联盟的国家官员来施加影响

---

❶ 努尔西出生于19世纪70年代末，他先是从哥哥那里得到了启蒙教育，之后通过参加苏非集会和宗教课程继续学习。19世纪末20世纪初，为了反对苏丹阿卜杜哈米德二世的专制统治，努尔西参加了青年土耳其党，积极支持宪政改革。1922年，努尔西前往安卡拉，支持凯末尔领导的民族解放斗争。但是，当意识到共和国新领导人准备实施激进的反伊斯兰计划时，努尔西退出了政治和公共生活。尽管如此，谢赫萨伊德叛乱还是牵连到了努尔西，致使他被流放多年。

❷ M Hakan Yavuz. Islamic Political Identity in Turkey [M]. New York: Oxford University Press，2003:179.

❸ "政治机会结构"是指能够改变社会运动参与度的政治环境，可用来解释社会运动形成原因和发展方式。

❹ "黄金一代"指将知识、文化与精神、智慧相结合，并且不断积极践行的一代人。

的。❶这一论断似乎特别适用于"居兰运动"。首先,居兰与厄扎尔建立了亲密的关系。❷20世纪80年代厄扎尔当政期间,居兰得到了官方保护,中右翼政党都支持居兰。与其他努尔朱运动的支持者一样,居兰也一直公开支持厄扎尔的新自由主义政策。而厄扎尔投桃报李,努力劝说军政权取消了不许居兰公开布道的禁令。可以说,祖国党为"居兰运动"的发展壮大提供了有利条件。不过厄扎尔去世后,"居兰运动"改变了策略,分别支持不同的中右翼政党。比如,地方选举期间,"居兰运动"在伊斯坦布尔和安卡拉支持繁荣党,在伊兹密尔则支持正确道路党。20世纪90年代,"居兰运动"继续努力向政府靠近,该运动的喉舌"记者与作家基金会"设立了一个"宽容奖",1997年该奖颁发给了时任总统德米雷尔和副总理埃杰维特。❸

在"热情拥抱政府"的过程中,"居兰运动"得到了更好的机会。不过,居兰与政府间的关系建立在"互惠互利"的基础上。厄扎尔和齐莱尔政府,甚至世俗主义的凯末尔官僚都认为,可以通过居兰柔和的反对声音及对伊斯兰新的释义削弱繁荣党的政治作用,他们希望借助居兰的影响减少繁荣党的选票。当居兰意识到自己作为繁荣党潜在对手的重要性时,开始利用与政治家交往的机会,不遗余力地为社团及其项目争取利益。与此同时,居兰在公开声明中表示无意阻止繁荣党执政,称两个运动之间有分工,"政治领域由繁荣党管理,教育归我们"❹。但是,在这些公开声明的背后,"居兰运动"和埃尔巴坎所代表的政治伊斯兰之间存在激烈的竞争关系,这一

---

❶ Jack A Goldstone eds. States, Parties, and Social Movements [M]. Cambridge: Cambridge University Press, 2003:1-24.

❷ M Hakan Yavuz. Islamic Political Identity in Turkey [M]. New York: Oxford University Press, 2003:198.

❸ Filiz Başkan. The Fethullah Gülen communty: Contribution or barrier to the consolidation of democracy in Turkey? [J]. Middle Estern Studies, 2005, 41(6):849-861.

❹ M Hakan Yavuz. Islamic Political Identity in Turkey [M]. New York: Oxford University Press, 2003:199.

点早已成为土耳其学者和媒体的共识。1997年"2·28进程"期间,居兰公开支持军队,认为政府没能履行职能,埃尔巴坎应该辞职。

在参与文化、经济和社会领域的活动之后,"居兰运动"变成了一个更加温和、更为公开的运动,越来越多地现身于公共领域。在厄扎尔、德米雷尔和齐莱尔政府的支持下,"居兰运动"在媒体领域也得到了快速发展。它购买的《时代报》在13个国家发行,影响范围很广。《时代报》经常在政治和社会问题上发声,不过,与其他伊斯兰运动的媒体不同,该报支持土耳其入盟,但对关闭有争议的伊玛目学校和取消头巾禁令的主张却不愿给予支持。1999年,居兰被世俗主义精英指控破坏世俗主义,为躲避审判,他离开土耳其前往美国。

二、"居兰运动"与正发党政府的关系

"居兰运动"与纳克什班迪教团及其支持的政党共同经历了共和国的不同时期,都受到过以军队为首的凯末尔主义国家精英的严厉打击,也都因国家鼓励发展的土耳其—伊斯兰合一论意识形态而受益。尽管"居兰运动"在20世纪90年代与持民族观思想的繁荣党拉开了距离,但是正发党上台执政后,特别是在其执政初期,"居兰运动"与正发党紧紧联系在一起。有关"居兰运动"与正发党政府互为"盟友"关系的说法早已流传多年。不过,自2010年"蓝色马尔马拉号"事件开始,埃尔多安与居兰的分歧慢慢浮出水面。❶ 本书认为,正发党政府和"居兰运动"以不同的方式参与国家和社会的治理,在此过程中,二者的关系不断变化,这种变化导致了政治机会结构的变化,而政治机会结构的变化反过来也影响着二者的关系。

"居兰运动"早在正发党上台前就已是土耳其极具影响力的社会运动,特别是在正发党的合法性仍遭人质疑的执政初期,"居兰运动"主动利用自己的资源为政府提供各种支持,因此曾被称为正发党的"执政伙伴"。

---

❶ 李智育. 土耳其正义与发展党政权的外交政策成因分析 [J]. 阿拉伯世界研究,2012(5):55-70.

如前所述，2002年正发党上台后，一方面积极推行前政府的新自由主义经济政策；另一方面加大了入盟努力，借助哥本哈根标准进行了一系列改革，极大地削弱了军队及凯末尔精英的力量，巩固了执政合法性。对于这些举措，"居兰运动"一直借助强大的媒体力量进行积极宣传，同时在外交上给予政府大力支持。

"居兰运动"对正发党政府最有力的支持是在司法领域。2007年总统选举期间，军队颁布了电子备忘录，正发党担心军队和司法机关对自己展开攻击，便借助司法程序，以调查"未遂军事政变"为由逮捕了大批军官、将领和记者。华盛顿近东政策研究所的学者认为，"居兰运动"策划了针对未遂军事政变事件的调查，大多数被审讯和拘捕的人是无辜的，是因为反对正发党和"居兰运动"才被调查的。❶2008年，正发党面临被取缔的危险，但最终宪法法院否决了取缔正发党的提议。在宪法法院决策过程中，被认为支持"居兰运动"的法官的投票至关重要。从此，凯末尔主义国家精英的力量被极大削弱，国家权力的配置朝着有利于正发党和"居兰运动"的方向发展，它们的政治机会空间因此而扩大。

当然，正发党上台执政后，也努力创造一种对伊斯兰运动开放的政治机会结构，积极为"居兰运动"提供发展空间，特别是对其在教育领域的扩张给予各种方便和支持。比如，居尔任外长期间，就曾下令驻外机构与国外的居兰学校合作。埃尔多安也提到，"居兰运动"开办了13所大学，政府丝毫没有阻止。而且，"居兰运动"之所以能在134个国家开办学校，不仅是靠他们自己的努力，也是因为政府代表团出访时都会请求当地政府允许开办居兰学校并对其提供支持。另外，除了教育活动，政府对"居兰运动"的贸易活动也给予了各种合法支持。❷

---

❶ Soner Cagaptay. What's Really Behind Turkey's Coup Arrests? [EB/OL].（2010–02–25）[2013–11–18]. http://www.foreignpolicy.com/articles/2010/02/25/whats_really_behind_turkeys_coup_arrests?page=0,1.

❷ Erdoğan: Ofisteki Böceklerin Adresine Ulaşıldı [EB/OL].（2014–11–02）[2014–11–03]. http://www.ahaber.com.tr/Gundem/2014/11/02/erdogan-ofisteki-boceklerin-adresine-ulasildi.

近年来，有关警察机关和司法部门被"居兰运动"渗透的说法盛传。2014年，为反制"居兰运动"，埃尔多安在警察和司法部门实行了大范围的工作调动和清洗。正如戈德斯通所言，国家机构和政党被社会运动渗透，常常是由于它源自社会运动，对运动进行回应或与社会运动有密切关系。❶

2007年选举之后，政府和教团成功地将与自己步调不一致的人清洗掉，国家精英和社会上反对正发党的力量被中立化。不过，当政治舞台上的主角只剩下正发党和"居兰运动"时，二者之间的分歧开始显现。"居兰运动"虽不是政党，却有自己的政治目标，有意在内政外交上拥有发言和决策权。在此情况下，社会运动对政治代表体系构成了一种潜在的竞争。作为挑战者，社会运动想进入政治成员所在的制度化的世界。❷

2009年年中，为政治解决库尔德问题，正发党政府开始通过国家情报部门与库尔德工人党在奥斯陆进行一系列秘密会谈。2011年9月，亲库尔德工人党的媒体公布了国家情报署❸署长哈坎·菲当的讲话录音，哈坎·菲当称他是受埃尔多安之命，作为其特使与奥贾兰及库尔德工人党进行会谈。录音公布之后，舆论哗然，很多人认为正发党想让土耳其东南省份独立，会谈是为分裂国家作准备。"居兰运动"也因被正发党排除在库尔德问题进程之外而感到吃惊和气愤。同年11月，居兰发表了一篇文章，暗指埃尔多安独裁。2014年年初接受BBC采访时，居兰也明确表示了在库尔德问题上对政府的不满，称他们比正发党更早开始支持解决库尔德问题。❹

对于因奥斯陆会谈引发的不满，"居兰运动"并非只停留在口头批评和

---

❶ Jack A Goldstone eds. States, Parties, and Social Movements [M]. Cambridge: Cambridge University Press, 2003:1-24.

❷ Jack A Goldstone eds. States, Parties, and Social Movements [M]. Cambridge: Cambridge University Press, 2003:1-24.

❸ 此机构隶属于土耳其总理府，办公厅负责人是总理的顾问，级别相当于副部长。

❹ Gülen: Çözüm İçin Öcalan'la da Dağdakilerle de Görüşülebilir [EB/OL].（2014-01-27）[2014-12-27].http://www.bianet.org/bianet/siyaset/153074-gulen-cozum-icin-ocalan-la-da-dagdakilerle-de-gorusulebilir.

抱怨上。2012年2月7日，一位亲"居兰运动"的检察官传唤哈坎·菲当及其两位前任，调查其与库尔德工人党在奥斯陆会谈的情况。2月8日，《时代报》发表了题为《检察官们一直是正确的》的文章，这无异于向政府宣战。针对此次"突袭"，正在手术的埃尔多安马上做出反应。2月17日，大国民议会修改了相关法律，规定要听取国家情报部门的工作陈述必须事先征求总理府批准。"2·7"事件成为后来政府与"居兰运动"反目的导火索。

正发党的媒体认为，"2·7"事件是以"居兰运动"为代表的"平行政府"针对政府采取的行动，这次行动正是利用司法部门（法官检察官高级委员会）实施的。❶ "居兰运动"在"2·7"事件中之所以能够震慑到埃尔多安，是因为它在司法部门有很大影响，有关这一点早在2000年就可以看出端倪。1999年，安卡拉的检察官曾下令逮捕居兰，但是国家安全法庭于2000年8月拒绝了这一要求，时任总参谋长的克伍勒克奥卢将军指出，"居兰阴谋破坏国家，他在公务员中有支持者，在司法界也有，所以对他的逮捕令才会被拒绝"❷。2010年9月12日，正发党政府就修宪草案举行全民公决。在此之前，居兰公开呼吁人们积极参与投票。埃尔多安认为，2010年公投是政府与"居兰运动"分裂的真正起因，居兰想通过公投实现自己的目标，即控制行政机构和司法机构。❸

2013年夏天，政府想把伊斯坦布尔一块名为盖齐公园（Gezi Parkı）的绿地改建成购物中心，导致土耳其发生大规模游行示威，政府随即采取了强硬措施加以镇压。"居兰运动"的媒体及"记者与作家基金会"接连发

---

❶ Atilla Yayla. HSYK Seçimleri Gelirken [EB/OL].（2014-10-09）[2014-10-10].http://www.yenisafak.com.tr/yazarlar/atillayayla/hsyk-secimleri-gelirken/56307.

❷ M Hakan Yavuz. Islamic Political Identity in Turkey [M]. New York: Oxford University Press，2003:202.

❸ Fadime Özkan. Erdoğan: 30 Mart'ın Ardından Paralel Yapı'ya Karşı Harekete Geçiyoruz [EB.OL].（2014-03-05）[2014-03-05]. http://haber.stargazete.com/politika/erdogan-30-martin-ardindan-paralel-yapiya-karsi-harekete-geciyoruz/haber-851760.

表声明，严厉批评政府限制言论自由，导致政府与"居兰运动"之间的冲突升级。不久，政府做出反应，拟取缔私人补习班。"居兰运动"在教育领域发展多年，在国内外有很大影响，其中开办补习班成绩显著。"居兰运动"在土耳其有 4000 家左右的补习班，约占所有同类补习班的 1/3。有分析认为，"居兰运动"过去、现在及未来的很多追随者都是在这些学校培养的。埃尔多安称取消补习班是出于调整教育体系的需要，"我国目前有 80 多万教师，为学生付出很多。而补习班给了学生什么？只是考试技巧"❶。2014 年 2 月，取缔补习班的提案经议会讨论通过。

"居兰运动"对政府的仇恨不只源自取缔补习班的决定。2013 年 11 月 28 日，土耳其《自由报》公布了 2004 年 8 月 25 日国安会第 481 号决定的主要内容：必须制定法律和行动计划阻止努尔朱和居兰组织的活动；对"居兰运动"国内外的活动应进行密切跟踪；居兰私立学校的活动由内政部和教育部监督和跟踪，对"居兰运动"学生之家招募支持者的活动，内政部应进行特别跟踪。此外，该决定还要求时任外长居尔撤回向各使领馆下发的要求支持"居兰运动"和民族观的通知。埃尔多安、居尔及国安会其他成员都在此决定上签了名。一周后，埃尔多安表态说："显然国安会会议上的文件被泄露了……有些媒体机构联合起来了。它们称这是自由，这不是自由，是对国家赤裸裸的背叛。"❷ 这番话无疑证实了该报告的真实性。对于正发党的"背叛"行为，"居兰运动"实施了绝地反击。

2013 年 12 月 17 日，包括一些商人和三位部长的儿子在内，共 80 多人因涉嫌腐败被拘留。这次反腐调查显然是追随"居兰运动"的检察官针对埃尔多安政府采取的一次突袭。不过政府马上做出反应。当天，伊斯坦布尔警察局 5 个分局的局长被撤职，负责审讯的两名检察官也被指派了助手协助调

---

❶ Başbakan Erdoğan'dan Dershane Açıklaması! [EB/OL].（2013-11-24）[2014-03-25]. http://www.samanyoluhaber.com/gundem/Basbakan-Erdogandan-dershane-aciklamasi/1034139.

❷ Başbakan Erdoğan'dan Açıklama: Bunun Adı Vatana Ihanettir [EB/OL].（2013-12-07）[2013-12-08]. http://www.hurriyet.com.tr/gundem/25300802.asp.

查。一个月后，最早开始腐败调查的两名检察官被撤职。同年12月20日，政府对《司法警察条例》进行修订，规定调查必须征得首席检察官和最高级警司同意方可进行。12月25日，正发党政府涉嫌腐败的三位部长辞职。

为减少"居兰运动"对司法领域的控制，政府于2014年2月底取消了特别权力法庭。2月21日，议会批准了一些法律修订，包括将逮捕的最长期限限定在5年，从而保证了那些因未遂军事政变案件入狱多年的人出狱，这一做法为政府争取更多的盟友提供了可能。不久，因政变调查而被捕两年多的前总参谋长巴什布被释放。

在2014年3月30日的地方选举中，正发党凭借44%的选票再次获胜。8月10日，埃尔多安又以近52%的选票当选为共和国历史上第一位直选总统。在经历了2013年针对政府的公园游行事件和腐败丑闻之后，正发党及埃尔多安仍得到如此高的支持率令人多少有些意外。2014年8月，埃尔多安在正发党大会上提出了下一个行动目标，"12月17至25日的一系列事件就是披着反腐外衣进行的官僚监护人政变。正发党粉碎了这次政变企图。今年的两次选举，从某种意义上将平行机构及其支持者赶出了政治舞台。现在政府面临的问题，是要在民主合法性基础上重建安全部门和司法部门"❶。

2014年10月，土耳其进行了法官检察官高级委员会❷选举，正发党对此非常重视，因为该委员会负责司法领域所有法官检察官的任命及高级司法机构的成员选举，也就是说，谁想控制司法，就必须控制该委员会。实际上，该委员会开始引起注意就是在一系列未遂军事政变的调查之后，2013年年底的腐败调查也是在该委员会主导下展开的。10月12日的委员

---

❶ Başbakan Erdoğan'ın 1. Olağanüstü Büyük Kurultayı'nda Yaptığı Konuşmanın Tam Metni [EB/OL].（2014-08-27）[2014-08-27].http://www.akparti.org.tr/site/haberler/basbakan-erdoganin-ak-parti-1.-olaganustu-buyuk-kurultayinda-yaptigi-konusm/66343#1.

❷ 2010年以前，最高法院和上诉法院负责选举该委员会的成员，该委员会则负责选举最高法院和上诉法院的成员，当时这种做法被指责是官官相护。2010年公投改变了这一点。

会选举结果显示，支持政府的法官人数在委员会占据了多数，因此可以说，政府在司法领域也成功地清理了"居兰运动"。

2014 年 12 月，伊斯坦布尔的国家首席检察官下令逮捕居兰，并宣布了居兰的三条罪状：使用暴力、威胁或欺骗手段使人们失去自由；通过诽谤手段致人入狱或受到司法、行政处罚；建立或领导武装恐怖组织。❶12 月 14 日，政府针对"居兰运动"的媒体《时代报》和银河电视台采取了行动，共有 27 人被捕，多是记者、电视制片人和电视剧演员，他们被指控为恐怖组织成员，企图夺取国家政权。同时被捕的还有三名曾经负责多起未遂军事政变调查的前警察局官员。一位曾经因军事政变调查入狱一年的知名记者针对此次行动评论说，"他们掉到了自己挖的井里。通过法律途径清除反对派力量的人就是居兰的支持者，他们是在收获昨天"❷。

目前与"居兰运动"相关的民间机构、组织均被取缔。截至 2019 年 7 月 15 日，共计 12.5 万余"居兰分子"被开除公职，其中以土耳其武装部队和警察队伍中开除的人员最多。❸ 截至 2020 年 3 月，土耳其全国范围内针对"居兰运动"的清剿行动仍在继续。

---

❶ Gülen Için Yakalama Kararı Çıkarıldı [EB/OL]. （2014-12-19）[2014-12-19]. http://www.cnnturk.com/haber/turkiye/gulen-icin-yakalama-karari-cikarildi.

❷ Nedim Şener'den Çarpıcı "14 Aralık" Yorumları [EB/OL]. （2014-12-21）[2014-12-21]. http://www.cnnturk.com/video/turkiye/nedim-senerden-carpici-14-aralik-yorumlari.

❸ En Çok Ihraç TSK Ve Emniyet'te Oldu[EB/OL]. (2019-07-15). [2020-03-08]. https://www.memurlar.net/haber/842145/en-cok-ihrac-tsk-ve-emniyet-te-oldu.html

第四章

政治文化的演变

第四章　政治文化的演变

政治文化被视为一个将微观政治同宏观政治联系起来的因素。如阿尔蒙德所说，政治文化的形成过程就是政治体系的内化过程，即体系成员认识、接受和支持政治体系（包括政治制度、规范、意识形态等各个层面）的心理活动过程。作为少数政治行动者对制度、战略进行选择的结果，政治文化最初主要存在于精英阶层。❶

研究表明，政治文化是一个对结构变迁反应快捷的可塑的多维变量。❷文化作为一种长期的历史积淀，作为一种已经内化到人们的心理和行为之中的规范，具有一定的稳定性和持久性。但是由于受到政治、经济等因素的影响，文化在保持稳定性的同时也处于不断的创造、流动和更新之中。另外，由于政治文化本身包含着不同成分，因此，其内部可以划分出不同的亚政治文化。这些亚文化之间的关系可能是和谐的，也可能是冲突的，它们的相互关系模式形成了政治文化的复杂结构。

土耳其是一个地理、历史和文化都很独特的国家，特殊的政治民主化经历使其拥有非常独特的政治文化。作为行为者，无论是政府、国家精英、政治精英、经济精英、社会团体，还是普通民众，都参与了塑造土耳其独特政治文化的过程。在共和国不同的发展时期，各行为者之间的关系模式不断变化，无论是国家精英与公民社会间的中心—边缘关系，还是政治精英与国家精英之间的文军关系，

---

❶ Larry Diamond eds. Political Culture and Democracy in Developing Countries [M]. Boulder & London: Lynne Rienner Publishers，1993:1.

❷ 郭定平. 论民主转型与政治文化研究的复兴 [J]. 湖北社会科学，2012（7）：17–23.

抑或是政治精英彼此之间的关系，都多层面、多角度地折射出土耳其政治文化的发展与变化。

第一节 中心与边缘的重构

"中心—边缘"二元结构的视角，是土耳其著名社会学家、政治学家谢里夫·马尔丁（Şerif Mardin）教授于1973年提出的。这种二元分化从奥斯曼帝国时期已然存在，土耳其共和国成立之后，尽管维度和内容有所变化，但中心—边缘结构仍在存续。在广义的中心—边缘关系中，现代化的、西化的凯末尔世俗主义者是"中心"，保守的、落后的伊斯兰主义者是"边缘"。从政党层面上看，凯末尔世俗主义的政治代表——共和人民党是传统的"中心"，那些自称代表着广大民众、远离中心精英的政党则是传统的"边缘"，如民主党、繁荣党及成立初期的正发党。

一、传统的中心—边缘关系

毕健康提出，从奥斯曼帝国到土耳其共和国，中心—边缘二元结构一脉相承。首先，在语义或地理层面上，"中心"是指以帝国首都为轴心的相对发达的地区，"边缘"则是指首都以外相对落后、中央控制较弱的边疆省份。其次，在阶层或集团维度上，苏丹、文官、军人和宗教机构代表的国家是"中心"，地方显贵、部族领袖和广大农民是"边缘"。❶ 类似地，还可以推导出更多的中心—边缘关系。中心—边缘的概念是相对的、多维度的，也是不断发展变化的。尤其是政治维度上的中心—边缘，更加呈现出动态变化的特点。随着政治和经济形势的发展及力量均势的变化，边缘可能会向中心流动。

解放战争期间，凯末尔民族主义运动是一个松散的政治联盟，1920年土耳其第一届议会的构成表明，民族运动的绝大部分支持者来自外省贵族

---

❶ 毕健康. 土耳其国家与宗教——凯末尔世俗主义改革之反思[J]. 西亚非洲，2009（2）：38-44.

和教职人员，以及专业人士的代表、官僚和军官。❶实际上，在奥斯曼帝国时期，这些人基本上都属于"边缘"，就连凯末尔本人也来自外省中下阶层。当时中下阶层的人大多希望通过参军解决就业和向上流动的问题。

战争初期，伊斯兰宗教人士认为，民族主义者是为了保卫安纳托利亚与希腊基督徒进行"圣战"，是为了把穆斯林从基督徒的统治下解放出来，于是他们利用自己的宗教影响积极支持凯末尔民族解放运动。1920年3月，依附于苏丹政府的官方伊斯兰代表、伊斯兰教大教长对民族主义者实施了教法判决（即法特瓦），宣布反对苏丹的人为"暴徒"。针对"中心"的这一宣判，安卡拉地区的153位穆夫提❷联名发表"反法特瓦"，阐明为民族解放和利益而斗争的人绝不是暴徒，而是民族英雄。这场反法特瓦运动彻底动摇了土耳其苏丹哈里发的政治形象和宗教权威，加上安卡拉政府几个月后否定了《色佛尔条约》，大大提高了民族解放运动的声望。❸最终迎来了土耳其共和国的成立。

凯末尔主义者在共和国成立前，即1922年11月1日废除了苏丹制❹，于1924年3月3日废除了哈里发制，之后废除了宗教法，颁布了1924年宪法。接着又先后出台了《民法》《刑法》《商法》等法律，在制度上实现了与伊斯兰的决裂。1925年，凯末尔推行"帽子革命"，废除代表着奥斯曼伊斯兰的菲斯帽。同年，又推行历法改革，从伊斯兰旧历改用公元历法。1928年实行文字改革，弃阿拉伯字母改用拉丁字母。1934年通过《姓氏法》，取消了象征封建等级的称号和头衔。社会、文化领域的

---

❶ Feroz Ahmad. The Making of Modern Turkey [M]. London，New York: Routledge，1993: 52.

❷ 穆夫提，阿拉伯语音译，伊斯兰教教职称谓，意为"教法解说人"。

❸ 张世均. 土耳其伊斯兰教职人员对凯末尔革命的贡献 [J]. 世界历史，2003（4）：75-82.

❹ 1922年11月1日，土耳其大国民议会讨论废除苏丹制。除了一部分曾在苏丹政府任职的高级官僚，保守宗教势力也坚决反对废除苏丹制，认为苏丹制与哈里发制相分离意味着世俗政权和伊斯兰教权的分立，其违反了伊斯兰教的规定。不过，由于凯末尔位高权重，再加上议会中一些有影响的伊斯兰教职人员的支持，当天议会就通过了废除苏丹制的决定。

系列改革对普通民众的生活产生了巨大影响。此外，凯末尔政府于1924年开始实行教育的世俗化和现代化，停办中小学宗教学校，停授所有宗教课程，建立和推广高等教育，推广世俗化，并于20世纪30年代起建立"人民之家"和"农村学院"。

通过上述改革，凯末尔主义者成功地建立了世俗化的法律和教育体系，取消了乌莱玛（宗教学者）管理国家的权力，取缔了非正统的苏非社团，将正统的伊斯兰教派置于国家监督控制之下，禁止带有政治目的地使用宗教语言、进行宗教宣传或组织。托普拉克认为，凯末尔世俗化改革的结果具有双重性：第一，产生了一批支持者，致力于最大限度地减少伊斯兰教在公共领域的影响。支持者中包括学者、受过教育的公众、官僚、专业人士、商人、主流媒体、司法部门，最重要的还包括军队。第二，产生了反对者，这一部分人由于有宗教背景或反对改革而失去了政治权力、社会地位和学术威信，从而被边缘化。❶

解放战争期间，伊斯兰教在民众中强大的动员力量得以充分显现，这种强大的力量既使凯末尔民族主义者受益，也令他们担心。从奥斯曼帝国末期开始，民族主义者就认为伊斯兰教是导致国家落后的原因，不实行政教分离，土耳其就不可能实现现代化、进入文明社会。因此，凯末尔及其后时期出现了新官僚精英的权力合并和中央化，宗教领导人逐渐被排除出大国民议会。1920年，宗教领导人占据17%的议席，1923年占11%，1931年占3%，1939年占2%，1943年则减少到了1%。❷也就是说，共和国的成立使解放战争的参与者中很大一部分进入了"中心"，而那些本已进入议会的教职人员刚刚看到"中心"的影子便被挤回了边缘。事实上，在1925年谢赫赛伊德叛乱之后，凯末尔政权对伊斯兰教团进行了严厉打击和压制，取缔了所有教团，关闭道堂❸并没收其财产。伊斯兰运动纷纷转入地下。此后

---

❶ Binnaz Toprak. Islam and Democracy in Turkey [J]. Turkish Studies，2005，6（2）:167–186.

❷ Yücel Bozdağlıoğlu. Turkish Foreign Policy and Turkish Identity: A Constructivist Approach [M]. New York & London: Routledge，2003:51.

❸ 道堂，苏非派各教团的宣道所。

几十年，世俗主义处于意识形态的中心，伊斯兰主义则处于边缘。

凯末尔想在历史、文化、地理、语言的基础上创建一个新土耳其或安纳托利亚伊斯兰。将礼拜的呼语从阿拉伯语改为土耳其语，为的就是让伊斯兰教与安纳托利亚而不是阿拉伯联系起来。他还建立了宗教事务局，以发展土耳其伊斯兰教。❶ 作为官方伊斯兰而存在的宗教事务局，是凯末尔政权为阻止沙里亚❷主张者的反世俗潮流、引导人民了解"正确的宗教"而建立的控制机制。通过一系列改革，凯末尔主义精英努力让国家和社会摆脱宗教的影响。但是他们没有想到的是，在未找到替代物的情况下就突然取消延续了几个世纪的传统会产生的后果。现代化和世俗化进程是精英阶层主导实施的，那些西方的、现代的生活方式早在奥斯曼帝国时期就为上层阶级所认同，因此对于共和国的政策，这一部分人没有异议，表示反对的主要是感觉被排斥在所有进程之外的广大民众，尤其是乡村人口，共和国的建立不仅没有使他们感受到任何物质条件的改善，国家推行的世俗化改革还使得他们的思想和生活产生了错位。费罗兹·阿赫茂德（Feroz Ahmad）指出，改革没有深入人心，国家对宗教和一般意识形态的自由化政策失败了，即使是发达地区的群众也不认可新国家。人们无法接受新体制，对它怀疑、不满、怨恨。过去的影响远没有消失，因为尽管奥斯曼统治阶级排斥大众，但它没有完全孤立于社会而存在。在500年统治中，它在社会各阶层都建立了一系列机构和忠诚，特别是宗教忠诚，即使是革命也不能一夜之间消除这些。❸ 从服饰到字母，一切都改变了，广大群众感觉被异化、被轻视、被排斥。这种情绪拉开了精英与人民之间的距离，并直接导致民众转而支持反对共和人民党的政党。

---

❶ Zeyno Baran. Torn Country: Turkey Between Secularism and Islamism [M]. Stanford: Hoover Institution Press，2010:23–25.

❷ 沙里亚，即伊斯兰教法，指《古兰经》中所启示的、圣训中所明确解释的安拉诫命的总称，是每一个穆斯林必须遵行的宗教义务。

❸ Feroz Ahmad. The Making of Modern Turkey [M]. Longdon，New York: Routledge，1993:61.

二、边缘向中心流动

处于边缘的人在现代化进程中逐渐向中间靠拢，这个进程始于民主党执政时期。民主党于1950年赢得选举上台，正式开始了土耳其的两党制时代。民主党执政后在宗教领域采取了更为宽松的政策，如1950年取消了祷告时不准使用阿拉伯语的禁令、国家广播电台开始广播古兰经、将宗教课作为选修课程列入教学大纲，1951年在土耳其7个省份开办了学制7年的伊玛目哈提普学校，1956年在初中一、二年级教学大纲中加入宗教课程，1959年在伊斯坦布尔开办了一所高级伊斯兰学院等。

厄兹布同认为，民主党通过激起社会边缘人群的不满情绪，成功地利用了长期存在的中心—边缘矛盾以反对共和人民党中央集权的、官僚化的一党统治。很多学者认为，土耳其的政党制度正是基于这种中心—边缘的冲突，正是这种冲突激发了民族主义者、中央集权主义者、世俗主义者和国家精英共同巧妙地运用宗教和反国家主义的弦外之音来反对"文化上异质的、复杂的，甚至是敌对的边缘群体"❶。谢里夫·马尔丁教授也提出，民主党亲近伊斯兰教是由于它将宗教因素用于选举。然而，尽管民主党采取了很多赢取保守人士人心的行动，但是对其认为反世俗的活动，也同样会采取严厉措施。

民主党相对宽松的宗教政策并非只是出于选举需要，还有一个重要的背景。民主党成立于1946年，正是第二次世界大战结束后共产主义兴起的年代。美国和西欧都竭力遏制共产主义思想的传播，而土耳其地理上与苏联及东欧国家相邻，处于非常敏感的位置，因此对西方来说，让土耳其加入自己的阵营毫无疑问是至关重要的。杜鲁门主义和马歇尔计划开启了土耳其融入西方的进程，这一进程以土耳其1952年加入北约达到高潮。民主党承诺利用一代人的时间把土耳其变成"小美国"。随着与西方接触

---

❶ 额尔古纳·奥兹巴丹.土耳其政党的制度衰落[M]//拉里·戴蒙德、理查德·冈瑟.政党与民主.徐琳，译.上海：上海人民出版社，2012:266.

越来越多，很多人开始相信，大规模吸引外国投资有利于土耳其经济的快速发展。土耳其政府也愿意通过服从西方在本地区的利益安排来吸引外资。❶ 这种想法是导致民主党实施宽松宗教政策的另一原因。

总之，民主党执政的十年，土耳其的伊斯兰主义得到复兴，世俗主义精英虽失去了一党专政的霸权，却仍保持着影响力。不过，把一个文化背景不同于欧洲且具有独特传统的社会，转变为一个现代的、有较多欧洲元素的社会，导致土耳其出现了诸多政治、经济和社会危机。20世纪60—70年代，土耳其出现了很多新的政党和组织，它们呼吁调整外交政策，改革国家政策和机构的主导原则。20世纪80年代的伊斯兰复兴更是对凯末尔主义的继续存在产生了威胁。❷

土耳其学者法鲁克·比尔泰克（Faruk Birtek）和托普拉克认为，20世纪80年代，土耳其共和国早期的极端世俗主义让位于"传统主义、宗教和解和道德社会精神"，使国家从自由的启蒙传统重新扎根于具有民族精神的保守主义。❸1980年政变后，为减少社会压力，集中对付主要的政治敌人——左翼，军队努力安抚伊斯兰主义者，通过采取"可控的伊斯兰"政策，建立了土耳其—伊斯兰合一论。军队请厄扎尔回到安卡拉，开始通过自由化改革促进出口增长，取代进口替代政策。厄扎尔政府于1983年上台后，对保守穆斯林的宗教关注及库尔德和阿列维少数派的关切更加敏感。政府通过"可控的伊斯兰"政策扩大了社会向伊斯兰的开放度，不仅增加了伊玛目哈提普学校和清真寺的数目，还把土耳其向伊斯兰金融开放，从而吸引了大批来自沙特的资金。厄扎尔的自由化政策同时得到了世俗主

---

❶ Feroz Ahmad. The Making of Modern Turkey [M]. Longdon, New York: Routledge, 1993:109.

❷ Yücel Bozdağlıoğlu. Turkish Foreign Policy and Turkish Identity-A Constructivist Approach [M]. New York and London: Routledge, 2003:63-64.

❸ Faruk Birtek, Binnaz Toprak. The Conflictual Agendas of Neo-Liberal Reconstruction and the Rise of Islamic Politics in Turkey: The Hazards of Rewriting Modernity [M]//Faruk Birtek, Binnaz Toprak eds. Essays in Honor of Şerif Mardin: The Post-modern Abyss and The New Politics of Islam: Assabiyah Revisited. Istanbul: Istanbul Bilgi University Press, 2011:18.

义和伊斯兰经济精英的强烈支持。可以认为，厄扎尔使土耳其变得民主和自由，更为重要的是，他制造了新的资本精英。❶

在土耳其开始融入国际市场后，新的资本精英常常觉得受到工业经济的威胁，伊斯兰为这些边缘化的社会群体提供了一种生活方式。受益于厄扎尔政策而兴起的安纳托利亚企业家希望实现可以保持伊斯兰生活方式的现代化。他们通过调动伊斯兰身份对国家政策进行挑战，成立新的组织，阐明自己的政策。换言之，伊斯兰身份不是原因，而是被当作攫取市场份额的工具。❷ 正如亚伍兹所说，全球化浪潮为伊斯兰经济角色的演变和巩固打开了新的空间，新自由化政策产生了新的伊斯兰角色，反过来，这些角色形成了伊斯兰话语和实践。❸

安纳托利亚企业家的兴起，对土耳其产生了深远的政治和社会影响，它同时为政治伊斯兰的崛起和伊斯兰运动网络的形成提供了重要的物质支持。在土耳其共和国成立后的几十年里，政治伊斯兰运动没有一个独立的政治组织，1950—1960 年，它依附于民主党，1960 年军事政变后又依附于正义党。在 20 世纪 60 年代末的经济和政治危机中，大资本和中小资本集团之间发生冲突，正义党支持大资本集团，对中小资本集团的要求不闻不问，导致一部分人脱离正义党，于 1970 年成立了民族秩序党❹，政治伊斯兰由此登上土耳其政治舞台。20 世纪 80 年代兴起的安纳托利亚企业家存在于世俗主义的企业精英之外，因此不受其主导。作为伊斯兰政党主要

---

❶ Zeyno Baran. Torn Country: Turkey Between Secularism and Islamism [M]. Stanford: Hoover Institution Press，2010:35-40.

❷ M. Hakan Yavuz. Introduction: The Role of the New Bourgeoisie [M]//M. Hakan Yavuz. The Emergence of a New Turkey: Democracy and the AKP Parti. Salt Lake City: The Universtiy of Utah Press，2006:6.

❸ M. Hakan Yavuz. Introduction: The Role of the New Bourgeoisie [M]//M. Hakan Yavuz. The Emergence of a New Turkey: Democracy and the AKP Parti. Salt Lake City: The Universtiy of Utah Press，2006:4.

❹ Faruk Ataay. Neoliberalizm Ve Muhafazakar Demokrasi: 2000'li Yıllarda Türkiye'de Siyasal Değişimin Dinamikleri [M]. Ankara: De K' Basım Yayım，2008:73.

的财政来源,新兴穆斯林企业家具有重要的政治作用。❶ 繁荣党的口号是"重建伟大的土耳其",它想依靠安纳托利亚资本建立民族工业,让处于外省边缘的"安纳托利亚老虎"❷们取代中心的经济力量。通过募集资金,繁荣党较快地组织起支持自己的企业家阶层,培养了自己的知识分子和媒体。这些以前被世俗主义精英边缘化的人进入了体系,赢得了政治权力、社会地位和学术威信。

在新兴伊斯兰企业家资金的支持下,之前一直被边缘化的伊斯兰教团和社团通过新兴的社会网络、印刷技术、电子大众媒体,为宣传自己的思想和纲领开发出很大的机会空间,伊斯兰政治话语就在这些空间里日益成熟和传播,旧的界限由此被打破。媒体和网络的渗透性阻止了任何一种单一意识形态——凯末尔主义或伊斯兰主导土耳其的公共空间。

亚伍兹指出,由安纳托利亚新兴中产阶级和伊斯兰学者组成的混合体是建构现代土耳其伊斯兰政治话语的主要力量,他们通过现代伊斯兰话语应对有关民族身份、国家与社会关系等紧迫话题。新的伊斯兰知识精英既运用西方作家和流派的思想,也使用传统伊斯兰思想。通过开办双语学校、出版报纸、运营国家电台和广播电台,各伊斯兰运动不仅对世俗精英在经济、文化、教育空间的霸权提出挑战,而且彼此之间也互为竞争对手。新兴资产阶级资助那些更具有宗教倾向的教育机构、电视台、广播电台,支持世俗主义的土耳其人和主张伊斯兰主义的土耳其人之间的文化界限被打破,土耳其社会正在形成新的文化标记。一种打造逊尼土耳其身份的努力在主导着中心。❸

亚伍兹将土耳其伊斯兰运动的转变称为"保守的革命",它希望维持土耳其总的来说保守的传统。这场保守革命建立在对奥斯曼帝国的梦想基

---

❶ Mehmet Odekon. The Costs of Economic Liberalization in Turkey [M]. New Jerzey: Rosemont Publishing & Printing,2005:140–145

❷ "安纳托利亚老虎"特指安纳托利亚新兴企业家。

❸ M Hakan Yavuz. Islamic Political Identity in Turkey [M]. New York: Oxford University Press,2003:265–274.

础之上。这种想象是那些感到被排除在外、对土耳其社会政治环境不满的人从下而上的想象。❶伊斯兰运动为边缘群体提供了一种向上流动的机会，让他们进入国家机关，得到政治权力。❷正是在这种新的政治和社会背景下，正发党开始了重新结盟、重新分配政治权力和国家资源的行动。

三、正发党重建"中心"的努力

凯末尔主义的中心官僚阶级一直努力维护自己的霸权地位。为此，他们在不同时期采取了不同方法，如军队实施军事政变，宪法法院取缔政党、下达政治禁令等。一个例子是1997年的"2·28进程"，以军队为代表的国家精英对伊斯兰从政治、经济、社会等多个方面实施了打压。为应对国家对伊斯兰分子的政治压力，伊斯兰主义的作家、学者、教团及政治家内部产生了激烈争论，有人提出，解决政治危机的办法是进入体制内。认同这一观点并且将其付诸实践的是埃尔多安，他于2001年8月组建了正发党。

毫无疑问，正发党的成功首先是选举的成功。但是，赢得选举只是成功的第一步。要吸取"2·28进程"中繁荣党的教训，正发党需要一个"能打江山也能守江山"的战略与战术。因此，正发党将宗教自由以民主的名义提上议程。对外，它赢得了西方的支持；对内，它赢得了人民的拥护。有了以上二者的支持，正发党政府的执政合法性极大地加强了。此后，在经济、政治、知识分子的协同作用下，土耳其的政治术语被重新定义了。民族、国家、世俗主义、西化和安全的定义都变得与新一波全球化，更重

---

❶ M. Hakan Yavuz. Introduction: The Role of the New Bourgeoisie [M]//M. Hakan Yavuz. The Emergence of a New Turkey: Democracy and the AKP Parti. Salt Lake City: The Universtiy of Utah Press，2006:7.

❷ Faruk Birtek，Binnaz Toprak. The Conflictual Agendas of Neo-Liberal Reconstruction and the Rise of Islamic Politics in Turkey: The Hazards of Rewriting Modernity [M]//Faruk Birtek，Binnaz Toprak . Essays in Honor of Şerif Mardin: The Post-modern Abyss and the New Politics of Islam: Assabiyah Revisited. Istanbul: Istanbul Bilgi University Press，2011:27.

要的是与哥本哈根标准一致。国家以前一向是半神圣的，土耳其民族和伊斯兰信仰都为国家服务。现在这一点改变了，国家被认为是一系列机构，是服务于人民、保护社会价值观的结构。❶

正发党 2002 年底上台执政后，土耳其政治主要围绕两个中心主题——经济的新自由主义重构与国家转向自由民主路线。❷ 这两点不仅为正发党的入盟努力提供了保障，也使正发党从边缘走向中心。2002—2007 年，正发党努力进入"中心"，而 2007 年大选后，正发党则开始采取步骤逐步改变"中心"，这一目标意味着将政治生活从官僚监护的模式中解放出来，实现政治的正常化。如前文所述，正发党上台后，正发党政府即以哥本哈根标准为依据，通过了一系列修宪和立法，通过改变国安会的人员设置、取消军队的财政和审判特权等极大减少了军队的政治影响力。另外，正发党政府还与"居兰运动"联手，在 2010 年掌握了对司法机构的控制权，从而将凯末尔主义国家精英边缘化，削弱了军队和司法机构的政治影响力，以此保证正发党稳居政治中心。

在社会文化领域，正发党也努力不懈。埃尔多安政府致力于取消头巾禁令，取消对伊玛目学校毕业生的高考系数限制，大量修建清真寺，增加伊玛目学校等。此外，正发党还努力按照伊斯兰规则塑造人们的日常生活。这些做法和主张，部分也是出于满足边缘选民要求的需要。尽管正发党政府并非总能如愿，但可以肯定的是，正发党上台后，土耳其社会发生了很大改变。

四、"新型"中心—边缘关系

土耳其社会学家尼吕费尔·戈莱（Nilüfer Göle）认为，20 世纪 80 年代是一个转折点，结束了国家主导的现代化（西化）运动作为政治参数的

---

❶ M. Hakan Yavuz. Secularism and Muslim Democracy in Turkey [M]. New York: Cambridge University Press，2009:267–281.

❷ Yıldız Atasoy. Islam's Marriage With Neoliberalism: State Transformation in Turkey [M]. New York: Palgrave Macmillan，2009:108–113.

时期。随着经济活动、政治组织和文化身份的相对自治,一个自治的社会开始发展,焦点不断从国家转到社会,结果,现代化精英开始失去从上至下改变社会的力量。❶ 由厄扎尔开始实施的自由化经济改革政策催生了一代安纳托利亚企业家,经济领域不再是大资本家一家独大。新兴伊斯兰企业的雇员主要来自安纳托利亚地区,多为保守的伊斯兰群体。对这些保守人群来说,凯末尔主义的现代化、民族、世俗主义和主权概念距离他们非常遥远,而新兴伊斯兰企业不仅解决了他们的就业问题,还通过共同的伊斯兰信仰,甚至通过亲戚、血缘关系维系着感情纽带。很多安纳托利亚的新兴企业来到大城市,由于人数众多且居住相对集中,传说的伊斯兰生活方式得以存续。保守人群越来越多,城市面貌也逐渐发生改变。正发党2002年参加大选时,承诺加快入盟进程并实施必要的改革,以战胜经济危机,加速经济增长,因此同时得到了大企业家和新兴伊斯兰企业家的支持。在代表企业家利益的媒体帮助下,正发党的形象和影响力都得到了快速提升,再加上正发党的伊斯兰背景,保守选民都支持正发党,视它为人民的代表。正发党上台后也不负众望,做出了成绩。

除了上述经济和社会转型,土耳其同时还经历了话语和政治转型。为了实现民主,达到入盟标准,正发党主导了一系列改革。有土耳其学者提出,正发党并没有使土耳其伊斯兰化,党首们的孩子在伊玛目哈提普学校就读过,但大学以后他们也会去读法学院。因此,正发党的伊斯兰不是返回中世纪的伊斯兰,而是现代化进程中对伊斯兰进行民主管理。❷

由于新自由主义经济政策和入盟改革,土耳其社会与政治权力的重心从文官与军队转移到了企业家主导的公民联盟。这个公民联盟中不仅包括伊斯兰企业家、伊斯兰组织、知识分子、学者,也包括一般保守群体。伊斯兰运动在新兴企业家的支持下兴办学校,从中下层保守家庭中选拔优秀

---

❶ Nilüfer Göle. Toward An Autonomization of Politics and Civil Society in Turkey [M]//Metin Heper, Ahmet Evin . Politics in the Third Turkish Republic. Corolado: Westview Press,1994:213–221.

❷ Taha Akyol. AKP,Büyük Sermayenin Değil,Yükselen Anodolu Sermayesinin Temsilcisidir [M]//Ümit Kurt. AKP,Yeni Merkez Sağ mı?. Ankara: Dipnot Yayınları,2009:16

学生加以培养，负责他们从中学到大学的所有费用，最后还帮助他们在传统上受国家机关、司法机构、军队等凯末尔世俗主义者控制的领域找到工作。总之，新兴企业家像传送带一样，将社会上保守的（宗教的）群体送入正在改变的政治体系。❶ 由此，土耳其进入了后凯末尔主义时代，或者叫后世俗时代。

如前文所述，土耳其所有政党的领导人普遍大权独揽，这种党内民主缺失的现象并不是偶然的，是长期文化传统形成的。民主与自由虽然已经成为土耳其的主导话语，但各个社会阶层，特别是位于边缘或正在从边缘向中心流动的人，正借助于民主概念为自己争取权利。而处于中心的部分，如作为执政党的正发党，也高喊着民主的口号，但它所争取的民主结果，是打造一个有逊尼派伊斯兰生活方式的土耳其。

第二节 文官主导地位的确立

中国军事科学院李月军博士提出，文武关系是社会科学中一个真正跨学科的研究领域。从政治学角度看，文武关系主要指军队（军官阶层）与文官政府之间的关系，反映的是国家政治领导和武装力量指挥者之间、组织化暴力与政治目标和利益之间的关系。经典文武关系理论认为，文武之间是一种零和博弈关系，分析重点是如何实现文官对武装力量的控制。而新文武关系理论则认为，文武之间存在多种关系，有分离和对抗，也有融合与合作，分析重点在于文武之间如何相互影响。❷

土耳其的文军关系是国内外学者广泛关注的一项内容，多将其置于土耳其民主化进程中的政治行为与文化框架内研究，主要围绕军事政变及其

---

❶ M Hakan Yavuz. Secularism and Muslim Democracy in Turkey [M]. New York: Cambridge University Press，2009:267-281.

❷ 李月军.新文武关系理论：范式替代抑或理论补充[J].军事历史研究，2010（2）：143-152.

对国家政治、社会的影响进行。大部分学者认为，军队干政是土耳其民主化发展的一大障碍。詹金斯提出，土耳其军队的作用是土耳其特有的背景和环境造成的，是土耳其议会民主失败的症状表现，而不是原因。军队退出政治舞台看来会是一个缓慢的、逐渐发展的过程，这个过程更多取决于土耳其的社会和政治文化及对安全威胁的认知。❶土耳其学者埃尔塞尔·阿依登乐教授（Ersel Aydınlı）提出，最近几年土耳其政府与军队之间的关系正在发生深刻的结构性变化，朝着更加民主的、以文官为主导的方向发展。而导致这种变化的原因既有军队自身的原因，也有外部原因。❷

一、传统的文军关系模式及其成因

土耳其军队在传统上拥有各种正式或非正式的权力、特权和优惠。将军们通过国安会主导文官政府，在会上设定政策议题，政府的部长们则不得不服从和执行。另外，军队预算和开支不接受议会审查，军事法庭脱离于文官政权。军队通过宪兵拥有大量警察和情报力量，同时还有自己的企业。总之，军队就是土耳其的国中之国。至于土耳其传统的文军关系模式，通常都是民选官员做着政府的日常事务，而力量强大的军队在监督政府，随时准备为保证国家的现代化进程在正轨上行进而对政治进行干涉。❸

土耳其的文军关系呈现出军队频繁干政的特点，这是多种因素导致的。首先是由于历史传统。无论是奥斯曼帝国时期还是共和国时期，军队在构建国家的过程中均发挥了关键作用，并且在国家建立之后在政治上也扮演着重要角色。军队干政并非始于共和国时期，而是源自奥斯曼帝国时期。在奥斯曼帝国时期，苏丹、军队和宗教权威构成了帝国的上层建筑，军队

---

❶ Gareth Jenkins. Context and Circumstance: The Turkish Military and Politics [M]. New York: Oxford University Press, 2001:83.

❷ Ersel Aydınlı. Civil–Military Relations Transformed [J]. Journal of Democracy, 2012, 23（2）: 100-108.

❸ Ersel Aydınlı. Civil–Military Relations Transformed [J]. Journal of Democracy, 2012, 23（2）: 100-108.

第四章 政治文化的演变

本身就是政治不可分割的一部分。而共和国也是凯末尔民族主义者们通过解放战争创建的，在共和国的缔造者中有很多军人，包括凯末尔本人。共和国成立后，军人仍然发挥着重要作用。土耳其的第一个政党——人民党是凯末尔创立的，第一个反对党——进步共和党，也是一位退役军官创建的。凯末尔尽管脱去了军装，但在军队看来，他永远是国家和军队的统帅。20 世纪 20 年代初，为了消除军队的权力，凯末尔让议会通过了一项法律，要求从政的军官退役。一部分将军离开了议会，返回军营，也有一部分人退役从政。这一法律规定使得军队在接下来的 10 年没有参与政治。❶ 但从 1960 年开始，军队开始频繁干政，先后出现了四次政变。

其次是由于军队的凯末尔主义意识形态。凯末尔主义对军官们来说几乎就像宗教一样神圣。即使在军队的权力被极大削弱之后的 2008 年，即将上任的总参谋长巴什布还表示了对凯末尔主义的忠诚不二。巴什布表示："统一的民族国家和世俗主义是阿塔图尔克对土耳其共和国的定义，土耳其武装部队负责保护和守卫这些原则。"因此，当土耳其面临库尔德分裂主义或伊斯兰主义的威胁时，军队将会毫不迟疑地站出来加以制止。

再次是军队对政治家和政府不信任。土耳其知名专栏作家麦赫麦特·阿里·比朗德（Mehmet Ali Birand）提出，多数军官认为，政治家总的来说更重视个人和党派—意识形态利益；保卫阿塔图尔克原则上是武装部队的责任；土耳其处于一个敌对的国际环境中，一直面临着内外威胁；如凯末尔所言，民主是土耳其最好的管理方式，只要民主竞争不将阿塔图尔克主义置于危险中就可以实行民主。1983 年，对陆军学校的学生进行的官方调查显示，60.6% 的学生认为，政府无能是因为政府中没有"正直、努力"的管理者。这反映了军队对政治家们的不信任。❷ 军官们在学校里就接受

---

❶ Feroz Ahmad. The Making of Modern Turkey [M]. London, New York: Routledge, 1993:57.

❷ Ergun Özbudun. Türkiye'de Devlet Seçkinleri Ve Demokratik Siyasal Kültür [M]//Ergun Özbudun, Ersin Kalaycıoğlu, Levent Köker. Türkiye'de Demokratik Siyasal Kültür. Ankara: Türk Demokrasi Vakfı Yayınları, 1995:16–41.

了这样的观念。一位海军将军提出，保卫国家和保卫软弱的机构是土耳其军队的责任。土耳其军队干政是积极的历史事实，人们不能想象把军队排除在政治之外。❶军队从解放战争时起，就认为自己是民族的守护者，他们认为不能完全信任政治家，因为政治家可能代表着的分裂，包括宗教、意识形态、种族上的分裂。这些分裂可能会破坏共和国的现代化进程，而这一进程正是土耳其最著名的军人——穆斯塔法·凯末尔·阿塔图尔克设定的。

最后是民众信任和拥护军队。土耳其军队认为自己就是民族和国家。大多数土耳其人认为军队是最值得信任的，而且相当多的人认为军队应该干涉政治。民族主义者和世俗主义者更是认为，军队是应对国内威胁——如政治伊斯兰和库尔德分裂主义或种族主义的安全阀。巴什布在2008年曾表示，一般来说军队的权力来源于枪杆子，但是土耳其军队的权力却来源于人民的信任和拥戴。强大的军队就意味着强大的土耳其。这种理解的直接结果就是军队认为自己是政治体系中合法的角色，最清楚什么是民族利益及应该采取什么政策和行动来保证民族利益。军队对政治家有强烈的优越感，他们在军校里就接受了这种优越感培养，军官们容易不信任政治家和政治。❷20世纪60—70年代，土耳其政党林立，政治家彼此之间态度敌对，为拆对手的台甚至罔顾国家利益，他们的这种表现在军人心中留下了负面印象。

二、正发党执政时期文军关系的演变

1980年前，军队—文官冲突并不是特别引人注意，因为军队总是很快"还政于民"。但是1980年的军事政变是一次完全去政治化的政变，没有任何知识分子、文官或专业社团参与，军队似乎是作为独立的部分，而不是作为国家精英联盟的一部分采取行动。此次政变后，如何实现去军事

---

❶ 范若兰. 试论土耳其军队干预政治的原因 [J]. 西亚非洲，1991（3）：47-54.
❷ Zeki Sarıgil. Civil-Military Relations Beyond Dichotomy: With Special Reference to Turkey [J]. Turkish Studies，2011，12（2）:265-278.

化和文官化成为土耳其民主化进程中的关键问题。❶厄扎尔取消了有关库尔德语的禁令，与欧盟发展关系，这些都不是军队希望的，但他尽量在不刺激军队的前提下实施。厄扎尔从来都不相信军队，但又不能采取将军队置于文官之下的步骤。面对军队这样一个无论显性还是隐性权力都非常大的特殊政治角色，如何控制或使之对"人民"负责，成为一个对文官政府来说至关重要的问题。❷20世纪80年代起，厄扎尔就努力加强警察部门的建设。❸1999年，欧盟承认土耳其为正式候选国。进入21世纪后，为开启入盟谈判，土耳其政府在几个问题领域开始了改革进程，其中一大问题就是如何遏制军队的政治权力，将军队置于文官政府控制之下。

正发党刚刚上台执政时，也像门德列斯、德米雷尔和厄扎尔一样，避免与军队正面冲突，同时利用入盟改革迅速削弱军队权力。2001年，土耳其议会对宪法第118条进行重大修改，使副总理和司法部部长加入国安会，增加了文官的人数。在此基础上，2003年8月开始实施的4963号法律加快了国安会改革：对其结构和功能进行了调整，国安会被定义为顾问机构；"协调和监督"国安会决定的实施情况的权力移交给了副总理；国安会会议从每月一次减少为每两月一次；国安会秘书长可以由文官担任。2004年，国安会秘书长、首席顾问和几个处的处长都任命了文官，在秘书处工作的53位退休军人中有20人未继续留任。这些改革旨在取消军队通过国安会在安全政策上的主导地位，使国安会不再是军队干政的工具。

另外，政府还掌握了红皮书——《国家安全政策文件》的起草权。该文件为秘密文件，定期更新，涉及国安会核定的对国家安全的内外威胁及其应对战略。正发党上台后该文件第一次更新是在2006年，由总理府负

---

❶ Ahmet Evin. Demilitarization and Civilianization of the Regime [M]//Metin Heper，Ahmet Evin eds. Politics in the Third Turkish Republic. Corolado: Westview Press，1994:39.

❷ 柴宏帅，南东风. 美国文武关系的研究核心及其争论焦点 [J]. 军事历史研究，2010（1）：149-153.

❸ Taha Akyol. AKP，Büyük Sermayenin Değil，Yükselen Anodolu Sermayesinin Temsilcisidir [M]//Ümit Kurt，AKP. Yeni Merkez Sağ mı? Ankara: Dipnot Yayınları，2009:24-31.

责起草，而此前该文件实际上都是总参谋部起草，文件内容很大程度上是由军队官僚确定的。2006 年，国家安全政策报告仍然是在军事权威指导下起草的，2010 年该报告再次更新，与以往不同的是，在此次起草工作中政治家发挥了主导作用，甚至有报道称部分草案内容是埃尔多安总理本人亲自执笔的。❶

除了改变国安会的构成，正发党执政期间在军事文官化方面也做了大量工作。2003 年，军方在广播电视高级委员会的代表被撤换；2004 年，军费不受财政法庭司法监督的特权被取消，军队在高等教育委员会的代表被撤换；国防工业署署长（SSM）之职改由文官担任，后该署被划归国防部顾问处；2006 年通过的法律规定，文职人员在和平时期的军事犯罪由司法部门审理。此外，土耳其还成立了公共秩序与安全署，这是文官机构努力在国内安全领域起决定性作用的开始。接下来，宪兵负责维持治安的部分地区被交给了警察，国内开始讨论由警察取代军队负责国内安全行动。2010 年，提交总参谋部的建议提出，完全取消海岸安全司令部，其所属人员、车辆和楼房划归由内务部成立的边境保卫总局。同年 12 月，新的审计法通过，军事开支开始透明。根据新法，审计署成立了安全部门监督处，不久即对军队餐厅、军人之家等单位的财务情况进行了审查。上述改革触及了军队的一些正式机构和法律特权。国内外多数学者认为，以欧盟标准为依据的上述改革极大地削弱了军队的政治作用，推动了文军关系模式向文官控制军队的方向发展。

2007 年，正发党赢得第二次大选，居尔当选为总统，土耳其实现了"寂静革命"，军队的影响被进一步削弱，从而终结了土耳其的双重主权或者说"平行政府"状态。❷但正发党也因为围绕着总统选举危机而进行的"斗争"认识到世俗主义联盟的力量。人们普遍认为 2007 年 4 月 27 日总参谋部网

---

❶ 在该报告中"倒退"等抽象的指责性的词被删除，土耳其的某些邻国也不再被认为是外部威胁。

❷ M Hakan Yavuz. Secularism and Muslim Democracy in Turkey [M]. New York: Cambridge University Press，2009:267-281.

站发布的声明是"电子备忘录政变"❶，这不仅对正发党起到了威胁作用，而且对宪法法院的决定也产生了影响。因此，正发党认为，应该进一步削弱军队的影响力。

2007年后，土耳其媒体先后曝光多起"未遂军事政变计划"，当局通过对军队及其支持者展开大范围调查施加压力。在多起调查案中，埃尔盖内昆案❷在社会上的影响最大。有学者指出，在埃尔盖内昆案调查之初，几乎没有土耳其人反对政府起诉真正的罪犯，特别是那些可能进行军事政变的人。不过，该案调查正值宪法法院审议是否取缔正发党之时，难免令人怀疑这个调查是出于政治目的。随着调查范围的不断扩大，很多土耳其人开始担心这一案件将引发意识形态的重新定位。2008年夏天，一些大学校长、学者相继被捕，其中一部分人未经审判就被扣留数月。一些公开表达过反伊斯兰和反正发党情绪的记者也被警告说，可能会以涉嫌埃尔盖内昆案而遭到起诉。❸ 显然，文官在此问题上展现了将斗争进行到底的力量和决心。特别应该注意的是，政治家们学会了利用新的安全部门——警察来对付之前处于主导地位的国家安全机构——军队。近年来，正发党政府一直允许在安全机构形成一些新的网络（如前文所述，警察部门的主要网络是"居兰运动"），允许他们针对军队采取行动，导致军队长期以来对政治的影响力被削弱。2008年起，很多现役或退役将军，包括前空军司令、前海军司令、多名退役高级军官及现役军人被捕。2012年1月，前总参谋

---

❶ 2007年4月27日土耳其举行总统选举的首轮投票，当晚总参谋部网站发布一则声明，强烈批评某些反世俗的地方活动，表示军方非常关注有关世俗主义与总统选举关系的争论，并威胁将使用合法权力保护世俗的共和国（有关此次总统选举危机，详见本章第三节）。土耳其历史上曾在1971年发生过"备忘录政变"，而此次军方声明由于是在网站上发布的，故称"电子备忘录政变"。

❷ "埃尔盖内昆"（Ergenekon）系土耳其语音译，据称是土耳其的一个秘密武装组织。据报道，参与该组织的军官于2003—2004年曾密谋推翻正发党政府，后因时任总参谋长厄兹科克反对而未遂。

❸ Zeyno Baran. Torn Country: Turkey Between Secularism and Islamism [M]. Stanford: Hoover Institution Press，2010:80.

长巴什布被捕。该案调查范围很广，起诉书充满了含沙射影、猜测和逻辑矛盾。很多土耳其观察家认为，它已经演变为一场针对正发党和"居兰运动"的反对者的行动。❶

2013 年 7 月初，土耳其大国民议会通过了修订《土耳其武装部队内务法》第 35 款的提案。修订前的第 35 款规定：武装部队的职责是守卫和保护土耳其国家及宪法所定义的土耳其共和国。这一规定一直被军队当作干政的依据。前总参谋长希尔米·厄兹科克（Himli Özkök）2007 年就曾表示，第 35 款规定是政治家们所需要的一种自然刹车，因为政治家们有时走得太远。修改后的第 35 条规定：武装部队的职责是保护土耳其公民不受外来威胁、确保和加强军事威慑力量、根据土耳其大国民议会的决定在海外执行任务、维护世界和平。显然，武装部队将不能干预国内事务。厄兹科克指出，没有了第 35 款规定，武装部队在国内就不能发挥作用了。❷

2014 年 10 月，新总理达伍特奥卢宣布了国内安全一揽子计划，拟将宪兵和海岸安全司令部划归内政部。如果宪兵司令部归属于内政部，则土耳其武装部队将减少 19 万人，减至 40 万人；同时，宪兵司令级别降为中将，宪兵机构成为政府的守卫力量；宪兵司令也会从国安会退出，国安会又将减少一名军人代表。宪兵司令部一旦变成政府的保卫力量，就不可能再有独立行动的可能。更为重要的是，宪兵司令部如果改归内政部指挥，则库尔德问题就朝着正发党设想的解决方案更进了一步。因为原本一直由宪兵和军队同时在东部和东南部执行反恐任务，而现在根据法律规定，军队采取行动前必须先征得各省省长批准，因此军队的行动受到了限制，其在东南部的影响逐渐减弱；相对来讲，宪兵的影响力就加大了。现在如果宪兵再归属内政部的话，意味着在库尔德问题上政府拥有最终发言权。另外，

---

❶ Zeyno Baran. Torn Country: Turkey Between Secularism and Islamism [M]. Stanford: Hoover Institution Press，2010:80-81.

❷ Türk Ordusu 120 Bin Küçüldü [EB/OL].（2014-02-04）[2014-02-04]. http://www.milliyet.com.tr/turk-ordusu-120-bin-kuculdu/gundem/detay/1831571/default.html.

由于议会通过了缩短服役时间的法律，导致军队大幅减员。在宣布将强制兵役时间从 15 个月减少到 12 个月后的两个月内，土耳其武装部队人数从 70 万人减少到 58 万人，减少了将近 12 万人。❶

此外，政府于 2014 年 12 月底宣布，将在内政部建立一支类似于警察的新机构，该机构的人员将被授权进行身份核查、搜查、逮捕、使用武力。这些安保人员在重要的国家机关场所工作，同时也负责必要的私人安保工作，以及负责体育场馆、考试场所、音乐会、会议厅等民众集会活动场所的安保工作。

三、"新型"文军关系对土耳其政治发展的影响

有土耳其学者提出，文官政权需要军队保卫国家和领土完整，军队反过来需要文官政权根据基本的民主原则承认其合法性。因此，关键问题不是如何简单地将文官相对于军队的权力最大化，而是"如何维持军队的力量，同时又不让其成为文官精英的威胁"。通过在军队和政治精英间建立合适的合作关系，可以有效地解决这个问题。❷ 如前文所述，土耳其文官政府于 2002—2006 年通过一系列改革试图控制军队，而 2007 年后，土耳其文军关系则朝着文官政府与军队之间开展合作的方向发展。

卡拉奥斯曼奥卢认为，土耳其文军关系向合作关系的转向主要表现在库尔德工人党（简称库工党）问题上。库工党的终极目标一直都是政治性的，但在库工党刚刚开始活动的头十年，政治家和军队未能正确判断其性质和能力，军官们称其是一群土匪。这一错误理解导致历届政府都把库工党问题交给了军队，使其远离了政治解决的可能。❸

---

❶ Türk Ordusu 120 Bin Küçüldü [EB/OL].（2014-02-04）[2014-02-04]. http://www.milliyet.com.tr/turk-ordusu-120-bin-kuculdu/gundem/detay/1831571/default.html.

❷ Ali L Karaosmanoğlu. Transformation of Turkey's Civil-Military Relations Culture and International Environment [J]. Turkish Studies，2011，12（2）：253-264.

❸ Ali L Karaosmanoğlu. Transformation of Turkey's Civil-Military Relations Culture and International Environment [J]. Turkish Studies，2011，12（2）：253-264.

2007年和2008年，土耳其空军和陆军对伊拉克北部的库工党采取了15次跨境行动。行动前，政府在美国、欧洲和中东努力做工作，以便为行动营造一个良好的政治和外交环境。2007年总统选举之后，总理和总参谋长几乎每周正式或非正式见面一次，评估行动及讨论其他安全问题。而此前总参谋长一直与总统见面，而不是与总理会晤。在2007年6月初的一次会晤后，总理和总参谋长表示，反恐行动应该建立在民主和法律的基础上。上述进展表明，军方与政府的关系在逐渐朝合作的方向发展。

军队与政府开展合作也与土耳其对库工党斗争的立场发生转变有关。由于库工党朝着国际恐怖组织的方向发展及库尔德问题国际化，且该问题与伊拉克战争紧密相连，导致国内外的安全威胁聚集到一起，使得问题的解决途径呈现多样化，不再限于军事手段。另外，20世纪90年代，在军队成功实施军事打击的情况下，库工党还是复活了，这使人们意识到，有必要让军事行动从属于经济、外交、社会心理和公共关系方案。这一立场自然要求军队与政府密切合作。❶

有土耳其学者指出，近年来，土耳其文军关系经历了深刻的结构性改变，向着更加民主的、文官主导的体系发展。这种改变既有军队自身的原因，也有外部原因。几十年来，土耳其军队的地位至高无上，几乎很少有人批评军队。这种情况导致军官们过于自信，轻视文官政治家和官僚。军队的自大自满，疏远了其社会盟友。尽管每次军事政变都得到了绝大多数公众的支持，但同时也都对军队与某个社会阶层之间的关系造成了不可弥补的损害。❷1970年政变后，军队抛弃了左翼，维护中右翼和西方盟友；1980年政变后，军队不仅毁灭了左翼，还打击了一直与国家一起反对共产主义的民族主义者；1997年的后现代军事政变针对的则是伊斯兰主义的繁

---

❶ Ali L Karaosmanoğlu. Transformation of Turkey's Civil-Military Relations Culture and International Environment [J]. Turkish Studies，2011，12（2）：253-264.

❷ Ersel Aydinli. Civil-Military Relations Transformed [J]. Journal of Democracy，2012，23（1）：100-108.

荣党，同时将自由主义的知识分子和记者一起列入黑名单。❶

另外，尽管看起来很团结，但军队内部有分裂。军官之间也有微妙的意识形态的分歧，有些军官希望国家在军队的主导下尽早实现现代化和西化，甚至愿意为此目标而进行政变；有些军官更加温和，更愿意相信文官。主张专制主义的军官们认为，在土耳其社会和政治完全成熟之前，它们必须由国家强力之手来引导，主要是由军队引导。持渐进立场的军官们则认为，政变及其他严厉措施都是适得其反的，与文官一起努力更有利于达成现代化目标。❷军队内部的思想分化对土耳其文军关系的转变起到了非常重要的作用，高级军官之间的意见分歧使文官和军队中致力于改变的人有机会找到潜在的伙伴。

海军上将奈贾特·图麦尔（Nejat Tumer）❸认为，军事干涉对军队自身不利，因为晋升进程被打乱，而且军事干涉都只是短期内解决问题。2002—2006年任总参谋长的厄兹科克也持有类似观点。他认为，现代化不仅是外在的表现，更主要的是思想方式，应该"考虑不同观点，选择最好的"。更为重要的是，厄兹科克对凯末尔主义进行了反思，认为阿塔图尔克主义不是一种意识形态，不是封闭的思想体系，而是一种对改变持开放态度的世界观。他提出，军官们不应该满足于只是模仿过去，而是需要开拓眼界，以重新解释阿塔图尔克主义。厄兹科克认为，以前的军事干涉并不成功，因为被禁止从政的政治家又都重回政界。因此，军队更应该相信人民的判断。各部门应该各司其职，互不干涉。同时，厄兹科克还主张改变军事学校的课程，以培养新一代相信人民的判断力的军官。❹

---

❶ Ersel Aydinli. Civil-Military Relations Transformed [J]. Journal of Democracy, 2012, 23 (1):100-108.

❷ Ersel Aydinli. Civil-Military Relations Transformed [J]. Journal of Democracy, 2012, 23 (1):100-108.

❸ 1980年军政权的5位将军之一。

❹ Metin Heper. Civil-Military Relations in Turkey: Toward a Liberal Model? [J]. Turkish Studies, 2011, 12 (2):241-252.

2002年后,总参谋长们的批判性思维使他们对变革持开放态度。2006年,亚沙尔·比于卡内特(Yaşar Büyükanıt)接替厄兹科克出任总参谋长,任期两年。他和其前任一样支持土耳其加入欧盟,认为这是土耳其欧洲化的最后一步。比于卡内特似乎也不主张军事干涉。2007年4月,总参谋部网站上发布的反对居尔竞选总统的文章虽然出自其手,但出人意外的是,在居尔当选总统后比于卡内特接受了这一结果。几个月后比于卡内特表示:"我们应该意识到我们过去的权力被证明是错误的,人们甚至应该质疑军队的传统,那些没有多少人敢于挑战的传统。"❶

2008年8月,巴什布接任比于卡内特担任总参谋长之职,任期两年。巴什布忠诚于厄兹科克确定的文军关系路线,而且提出每周与总理会面。巴什布认为,库尔德分裂主义是国内安全问题,借此暗示该问题应该由政府负责。担任总参谋长职务时,巴什布尽可能不接触媒体。在为数有限的新闻会上,他也只回应有关安全的问题和针对武装部队的批评。他曾在一次媒体会上表示:"土耳其武装部队不为那些反对民主的人提供庇护。"❷ 巴什布不发表公开声明,也不允许其他军官发表此类声明。在埃尔盖内昆案浮出水面后,巴什布没有阻止司法审理程序,而是采取了配合警方行动的立场。2010年8月,埃尔多安在任命军队指挥官问题上与军方产生意见分歧,巴什布最终让步。同年2月,居尔总统请埃尔多安和巴什布开会,他们公开表达了对文军关系感到不满的地方,并就未来如何改善关系达成了谅解。❸

2007年后土耳其文军关系发生转向还有一个非常重要的原因,即正发党政府取得了不错的政绩。正发党执政以来,土耳其经济总体上保持增长,

---

❶ Metin Heper. Civil-Military Relations in Turkey: Toward a Liberal Model? [J]. Turkish Studies, 2011, 12(2): 241–252.

❷ Metin Heper. Civil-Military Relations in Turkey: Toward a Liberal Model? [J]. Turkish Studies, 2011, 12(2): 241–252.

❸ Metin Heper. Civil-Military Relations in Turkey: Toward a Liberal Model? [J]. Turkish Studies, 2011, 12(2): 241–252.

底层民众认为其生活质量的提高得益于政府的良好治理，土耳其社会整体上越来越自信。媒体和教育领域的扩张使民众开始接触和接受不一样的观念。更为重要的是，一个以安纳托利亚企业家为代表的新兴资本集团快速崛起。有了新兴资本集团的支持，文官政府敢于质疑旧有的治理方式，比如军队在政治中的作用。❶ 总的来说，2000 年以来形成的经济和政治稳定部分地消除了军队干涉政治的理由。军队不敢用非民主方法来影响民选政府和为政治指导方向，以前军方干政主要是因为有社会冲突甚至暴力冲突。就目前来看，对一个由人民选举出来的执政党及其政策进行军事干涉已经不符合时代特点和要求，而且极有可能在国家范围内导致严重的社会危机。这些考虑都阻止了军队干政。❷

在土耳其，军队不仅是现代化的客体，也是现代化的主体。有很长一段时间，军官们认为现代化就是西化，西化的一个重要内容就是实行民主。不过由于起点是现代化，所以军官们愿意选择"理性的民主"，也就是把民主当成让受教育的人为了达成最好的决策而进行的智慧辩论。❸ 1923—1927 年，军队是共和国激进的世俗化改革的先驱；1927—1938 年，军队是凯末尔政权的保护者；1939—1944 年，军队是体制的守卫者。从保护者向守卫者的转变表明，军队在体制内的分量开始变小。1944 年，总参谋部隶属于总理府。1944—1949 年，总参谋部又隶属于国防部。1949 年，军队从联合执政中全面退出，民主党执政的整个 20 世纪 50 年代，军队的作用和地位日益减弱。1960 年军事政变后，军队主导起草了 1961 年宪法，通过设立国家安全委员会，军队在宪法的保障下以一种隐蔽的方式参与政治。而 1982 年宪法中有关国安会的规定进一步增加了军队对政治进程的

---

❶ Ersel Aydinli. Civil-Military Relations Transformed [J]. Journal of Democracy，2012，23（1）:100-108.

❷ Engin Şahin. Siyaset Ve Hukuk Arasında Anayasa Mahkemesi [M]. İstanbul: İz Yayıncılık Limited Şirketi，2010:137.

❸ Metin Heper. Civil-Military Relations in Turkey: Toward a Liberal Model? [J]. Turkish Studies，2011，12（2）: 241-252.

影响力。1997年的"2·28进程"是军队最后一次干政。1999年后,军队开始支持土耳其加入欧盟,并为此进行自我克制和约束。军队意识到很难公开反对文职政府的决定,因为其决定是通过合法程序做出的,并建立在协商政治基础之上。军队处境矛盾,既要保卫民主,而其自身又是进一步深化民主的障碍。不过无论如何,土耳其军队的国家守卫者角色没有变过。正因为军队,土耳其的政治伊斯兰才变得更为温和;也是军队,使权利和自由很难进一步扩大。❶

尽管多起"未遂军事政变"调查使军队的力量和信誉受到了很大削弱,但2012年土耳其一所大学进行的每年一度的"社会政治倾向调查"结果显示,土耳其最受信任的仍然是军队,占总体调查者比例为59.9%,不过这一比例比2010年低了3.3个百分点。军队之后依次是警察机构、总统、公民社会组织、大国民议会、高教委、各政党、媒体。厄泽尔教授认为,上述排名表明,有人认为军队是民主的保障力量,有人则认为警察才是民主的保障力量。❷

阿依登乐认为,政府权威的实现将加强军队的战斗力。扮演政治角色的军队经常会在真正的主业上分散精力。在旧模式时代,军队高层将大量时间和精力花在处理与文官政治家的关系上;在新体系中,军队高层将摆脱这些负担,全身心地投入管理和改善军队自身事务中。考虑到文官想让土耳其作为地区力量发挥更大的作用,他们当然需要军队,而且在能够控制军队的情况下给予其更大的支持。❸

阿依登乐还认为,在土耳其旧有文军关系模式中,军队领导人会提出他们认定的民族威胁并就此提出专业意见,然后按照他们的意愿对这

---

❶ Binnaz Toprak. Islam and Democracy in Turkey [J]. Turkish Studies,2005,6(2):167-186.

❷ Soli Özel. Bu Açmazı Yeni Anayasa Aşar [EB.OL].(2012-01-22)[2014-01-02]. http://www.haberturk.com/yazarlar/soli-ozel/708408-bu-acmazi-yeni-anayasa-asar.

❸ Ersel Aydinli. Civil-Military Relations Transformed [J]. Journal of Democracy,2012,23(1):100-108.

些威胁做出反应。在新的模式中，军队仍然表达专业意见，但现在是文官政权最终决定什么是威胁及如何应对威胁。❶ 在土耳其文军关系的演进中，文官政府的权威已初步确立，成为政治的主导因素，军队监国的旧体制被打破了。

第三节　执政精英的胜出

政治体系的变化与发展过程总是由作为政治行为主体的人去推动和完成的，这里的"人"既包括精英也包括民众。米尔斯把精英界定为政治、经济和军事集团内部能够对国家事务做出决策的人。本书结合土耳其的具体情况，按照学界研究土耳其的传统做法，主要分析两类精英：国家精英和政治精英。本书所指的精英并不仅指单独的个体，还包括具有同一特征的机构。其中，国家精英包括军队、文官官僚、司法机构等；政治精英则包括执政精英和反对党精英。

一、国家精英与政治精英

土耳其学者海派尔认为，阻碍土耳其政治发展的障碍一直是合法性的挑战。20世纪40年代开始实行多党制后，执政党与反对党之间一直关系紧张，这种紧张关系反复伤害到文官政府和多党制的合法性。同时，这一紧张关系也是触发1960—1980年三次军事政变的重要原因。政治生活中持续出现的这种紧张状态并不让人感到意外，因为它们深深根植于土耳其两个关键精英——国家精英和政治精英——对于民主的不同定义上。❷ 国家精英传统上包括军官、高级官僚、司法机构，他们视民主为一种政治责任，这与政治精英的观点是冲突的。政治精英视自己为人民的代表，认为政治

---

❶ Ersel Aydinli. Civil-Military Relations Transformed [J]. Journal of Democracy, 2012, 23（1）:100-108.

❷ Metin Heper. Consolidating Turkish Democracy [J]. Journal of Democracy, 1992, 3（2）: 105-117.

参与才是民主的特性。❶

实行多党制不久，民主党代表的政治精英与同共和人民党有强烈意识形态和情感联系的国家精英之间出现了分裂。民主党政府努力减少社会中官僚主义的作用，想要实现"人民的意愿"；国家精英则对此进行抵制。官僚精英认为，人民多数是"无知的"，他们选举出"无能的、没有原则的"政治家，保护"公共利益"是自己的责任，他们对民主党政府无视法制国家及宽容宗教行为的政策感到不安，认为这是对凯末尔主义的背叛。民主党执政的十年，国家精英失去了在议会的主导地位及与政治精英间的密切联系，总的来说，他们的影响、地位、威望、收入都大幅减少了❷，公务员岗位和军队的吸引力也下降了。❸军人和官僚精英对于自己社会威望与地位的下降感到不满，从这个角度看，1960年政变也是这种不满的一种反应❹。

1960年政变前后的一段时间，国家精英各群体间结成了强大的联盟。尽管政变是由少数中层军官实施的，但整个军队、官僚和知识分子都表示了支持。1961年宪法反映了国家精英的基本政治观点和利益，为民选政府设立了限制机制。不过，国家精英与政治精英之间的紧张关系并未因1961年宪法的出台而消除。1961年大选中，正义党、新土耳其党和共和农民民族党得到了前民主党选民的选票，形成了多数；而国家精英支持的共和人民党只得到了36.7%的选票。1965年和1969年大选中，正义党均在议会占据了多数，土耳其因此得以建立稳定的政府。总体来看，20世纪60年代，

---

❶ Metin Heper. Consolidating Turkish Democracy [J]. Journal of Democracy，1992，3（2）：105–117.

❷ 一项调查显示，1952—1957年国家公务员的工资减少了43%~69%。

❸ 1959年对高中生进行的一项调查显示，一半的毕业生会选择自由职业，只有12%的学生愿意做公务员和从政，10%的毕业生选择从军。

❹ Ergun Özbudun. Türkiye'de Devlet Seçkinleri Ve Demokratik Siyasal Kültür [M]//Ergun Özbudun，Ersin Kalaycıoğlu，Levent Köker. Türkiye'de Demokratik Siyasal Kültür. Ankara: Türk Demokrasi Vakfı Yayınları，1995:16–41.

国家精英与正义党代表的执政精英之间的紧张关系有所缓和，正义党比民主党尊重军队，重视与军队的关系，军官们的工资和福利都大幅提高。尽管军队中的激进派对正义党的保守政策不满意，但他们的政变企图没能得到高层指挥官的支持。同时，1960 年后国家公务员的总体地位并未好转，因此，国家精英与政治精英间紧张关系的缓解应该用体系因素来解释。他们彼此越来越能相互理解，在地方治理中，他们也努力通过合作来消除敌意。❶

20 世纪 70 年代中后期，联合政府所有成员都处于裙带关系中，之前土耳其从未出现过如此任意安排公务员的时期。❷ 参与联合政府的政党不仅将自己的人员安排在官僚高层，还在各个公务员阶层安排调动，成立新的公务员机构。各个部委仿佛成了政党财产，由某个政党监管，甚至连警察和安全部门都受到政党的影响。1980 年政变后军队掌权。1982 年宪法通过加强总统权力和国安会的力量来守卫和监督政治体制。❸

与民主党和正义党一样，1983 年上台的祖国党总的来说是反对官僚的，不过它比其前任们更务实，没有像 20 世纪 70 年代那样大规模清洗官僚机构，而是间接地减少官僚在政治体系中的作用。20 世纪 80 年代开始，国家精英开始处于困境，一是由于军队逐渐退出政治舞台；二是由于祖国党政府在关键位置上任用了很多传统公务员干部以外的人，使国家精英失去了相当多的支持。20 世纪 80 年代中后期，厄扎尔总理逐渐掌握了外交和

---

❶ Ergun Özbudun. Türkiye'de Devlet Seçkinleri Ve Demokratik Siyasal Kültür [M]//Ergun Özbudun, Ersin Kalaycıoğlu, Levent Köker. Türkiye'de Demokratik Siyasal Kültür. Ankara: Türk Demokrasi Vakfı Yayınları, 1995:16–41.

❷ Ergun Özbudun. Türkiye'de Devlet Seçkinleri Ve Demokratik Siyasal Kültür [M]//Ergun Özbudun, Ersin Kalaycıoğlu, Levent Köker. Türkiye'de Demokratik Siyasal Kültür. Ankara: Türk Demokrasi Vakfı Yayınları, 1995:16–41.

❸ Ergun Özbudun. Türkiye'de Devlet Seçkinleri Ve Demokratik Siyasal Kültür [M]//Ergun Özbudun, Ersin Kalaycıoğlu, Levent Köker. Türkiye'de Demokratik Siyasal Kültür. Ankara: Türk Demokrasi Vakfı Yayınları, 1995:16–41.

国防事务的控制权，之前这些权力一直在总统埃夫伦手中。❶厄扎尔甚至任命了总参谋长。欧洲委员会不断向土耳其施压对军队减少干政产生了影响，同时知识分子也反对军队干政。20世纪90年代，国家精英的政治作用进一步减弱。

2000年以来，土耳其为配合入盟进程实施了一系列改革。如前文所述，改革完全改变了国家精英与政治精英的力量对比，特别是军队和司法机构的政治影响被极大削弱。可以说，2007年的总统选举危机和2008年取缔正发党的风波是国家精英的"最后一搏"。

2007年，土耳其第十任总统塞泽尔的任期将满，正发党提名外长居尔为总统候选人。由于居尔的伊斯兰背景，这一提名在土耳其引起了很大争议。宪法规定总统选举最多可进行四轮，前两轮得到议会全体成员2/3多数（367票）即算通过，否则进入第三、第四轮投票。不过，宪法对参加议会投票的人数没有特别规定。当时正发党在议会拥有354个议席，在首轮总统选举投票中，居尔得到了357票。为了确保"世俗共和国的最后一个堡垒"不被占领，部分检察官、共和人民党、宪法学教授和媒体联合起来，提出议会参会投票人数应该达到367人，否则就是违宪。2007年4月27日总统首轮选举当晚，总参谋部网站发布一则声明，强烈批评某些反世俗的地方活动，表示军方非常关注有关世俗主义与总统选举关系的争论，并威胁将使用合法权力保护世俗的共和国。几天后，宪法法院宣布总统选举首轮投票违宪，居尔未能当选。

作为执政精英的正发党领导层马上做出应对，议会通过了于2007年7月提前进行大选且同时进行总统选举的决议。为了防止再次出现总统选举僵局，议会还进行了修宪，将议会选举从5年举行一次缩短为4年举行一次。此外，议会还修改了总统选举方式，总统不再由议会选举，改为人民直选；总统任期最多5年，可任两届。议会还通过了修宪提案，规定议会的任何

---

❶ Metin Heper. Consolidating Turkish Democracy [J]. Journal of Democracy，1992，3（2）：105-117.

会议，包括为选举而召开的会议，与会人数至少需要总人数的1/3（即184人）。这一修宪提案遭到共和人民党的强烈反对，但得到了民族行动党的支持，得以通过。但是塞泽尔总统将修宪提案打回议会重议。塞泽尔提出，修改总统选举方式并不是简单的程序修改，其直接关系政治体制；现在的体制是中立的，为的是监察、平衡多数党权力；一个民选总统将很容易成为政治体制的主导因素，这样的体制将导致行政部门内部的冲突和磨擦；而且总统连任两届可能会导致总统的中立性减弱，使总统职位政治化。塞泽尔认为，政治体制的这种根本性改变不应该在没有充分深思熟虑的情况下匆忙进行。该修宪提案被打回后，议会重新进行了审议并再次表决通过。共和人民党向宪法法院提出该提案违宪，但宪法法院否决了这一申诉。与此同时，塞泽尔总统将修宪提案提交全民公决。❶ 在2007年7月的议会选举中，正发党再次获胜，再次提名居尔为总统候选人。经过三轮投票，居尔当选为土耳其第十一任总统。至此，就总统选举进行的斗争基本结束。

2007年可以被形容为土耳其的"宪法斗争年"。一向在政治中占主导地位的国家精英认为，总统职位是对抗反世俗主义倾向的保证。世俗阵营担心一个伊斯兰主义的总统会借助总统权力将宪法法院、司法机构和大学伊斯兰化。从世俗主义者和1982年宪法的角度看，总统是代表国家精英对民选政府进行检查和制衡的监护机构或机制。2007年的反正发党联盟包括总统、军队、宪法法院、共和人民党和大概1/4认为世俗主义受到威胁的土耳其民众。❷

2007年正发党第二次赢得大选之后，进一步针对国家精英展开攻势，通过未遂军事政变调查逮捕和打击了大批军官、知识分子、学者和记者；通过2010年公投改变了司法机构的构成，使支持"居兰运动"的法官占

---

❶ 土耳其第3376号法第2款规定，就修宪进行全民公决应该是在修宪法律公布后120天进行。面对这种新情况，正发党对3376号法进行了修订，将期限从120天缩短为45天，但这次修订再次遭到总统否决。因此，正发党将总统选举和议会选举合并的努力失败。

❷ Ergun Özbudun, Ömer Faruk Gençkaya. Democratization and the Politics of Constitution-Making in Turkey [M]. Budapest: Central European University Press, 2009: 97–109.

据了更大的比重;通过 2014 年 8 月的选举,埃尔多安当选为第一任直选总统。这一系列进展都朝着有利于政治精英的方向发展。可以说,传统的国家精英—政治精英关系被正发党彻底改变。

二、政治精英之间的关系

土耳其政治文化中历来存在排斥异己的现象。政治精英之间的关系,无论是执政精英与反对党精英之间的关系,还是执政精英彼此之间的关系,都深受这种政治文化的影响。

从执政精英与反对党精英的构成来看,正发党 2002 年以来连续三次赢得大选,单独组阁,是执政精英;共和国人民党等则构成了反对党精英。土耳其国际政治经济学教授厄尼什通过保守全球主义者—防御性民族主义者的划分解释 2007 年之后土耳其议会的构成成分。正发党代表着保守全球主义者,共和人民党和民族行动党则代表着防御性民族主义者。由于自由派全球主义者或社会民主主义者未能进入议会,因此土耳其的民主呈现单维度特点。❶

本书认为,影响正发党执政精英与反对党精英关系的因素主要有三个:入盟问题、库尔德问题、新宪法问题。其中入盟问题是关键,正发党执政精英对入盟的积极态度及最初几年的入盟改革,为其在国内外赢得了执政合法性。相反,反对党精英对欧洲持怀疑态度,它们在入盟问题上的消极立场给人留下了"落后、反对进步"的印象。共和人民党"反民主"的态度导致很多选民改投正发党,结果在 2007 年选举中,正发党不仅保持了传统的地区优势,还赢得了两个最大的城市——伊斯坦布尔和安卡拉的选票。

正发党执政精英所代表的保守全球主义,意味着自由主义与保守主义的结合。保守全球主义意味着积极支持全球化、民主化改革和进步;同时,通过坚持传统观念吸引人数众多的保守选民。正发党执政精英最大的特点是务

---

❶ Ziya Öniş. Conservative Globalism at the Crossroads: The Justice and Development Party and the Thorny Path to Democratic Consolidation in Turkey [J]. Mediterranean Politics, 2009, 14(1): 21-40.

实性和强大的战略策划能力。尽管正发党仅仅是2001年危机后土耳其政府的经济改革计划的继承者，而非发起人，但是正发党上台后表现了继续经济改革及在欧盟框架内实施整体改革的能力和决心，使土耳其2002—2006年年均经济增长率达到了7.5%。另外，对社会各阶层来说，正发党对入盟进程的积极态度是它具有改革性和进步性的表现。通过将全球主义与保守主义相结合，正发党吸引了土耳其社会各阶层的人，建立了广泛的选举基础，有效地超越了传统的阶级或身份界限。❶

反对党因持有封闭的、防御性的民族主义观念而成为"反对进步"的形象代言人。反对党认为，欧化和改革进程与共和国的宪法前提矛盾，会威胁国家的统一和世俗性质，因此他们的任务就是保护土耳其的世俗主义和民族主权。当面对这种根本性威胁时，经济和社会问题看起来就无足轻重了。正发党利用了反对党的弱点，突出自身的改革性，扎根于土耳其社会，在与反对党的精英主义、反对改革的态度比较时，其进步性就更加突出。❷

2002年的一项民调显示，共和人民党被自由派选民认可，不仅因为他对世俗主义忠诚，还因为他亲欧、亲民主，具有改革性，但在戴尔维什带领一些人脱党后，共和人民党内的自由派很快被边缘化。2002年后共和人民党观点的改变与前主席巴依卡尔（Deniz Baykal）的关系很大。到2007年时，在欧洲怀疑主义、反对民主化改革及和平解决库尔德问题方面，共和人民党与极端民族主义的民族行动党立场相近。在2007年总统选举危机和2008年取缔正发党风波中，共和人民党都表现了这种态度。同时，共和人民党领导层对更广泛的社会和经济问题，如失业、贫穷、不平等、性别歧视、工业重建等问题基本上没有兴趣。对他们来说，保卫世俗体制和民族主权的完整是生

---

❶ Ziya Öniş. Conservative Globalism at the Crossroads: The Justice and Development Party and the Thorny Path to Democratic Consolidation in Turkey [J]. Mediterranean Politics，2009，14（1）:21-40.

❷ Ziya Öniş. Conservative Globalism at the Crossroads: The Justice and Development Party and the Thorny Path to Democratic Consolidation in Turkey [J]. Mediterranean Politics. 2009，14（1）:21-40.

死攸关的大事，维护体制的稳定比赢得大选更重要。因此，共和人民党领导层对2007年的选举表现并不太担心，仿佛只要他能得到20%的全国选票就足以行使稳定体制的职能。❶不过，越来越多的舆论认为，共和人民党是一个由精英组成的政党，持有过时的意识形态。与正发党相比，共和人民党不断被边缘化，仅代表着城市和世俗中产阶级，甚至2007年投票给共和人民党的一部分人对它的治理方式也并不满意。这些人希望由正发党继续管理国家的经济，之所以投票给共和人民党是因为他们担心在正发党的领导下，土耳其会远离世俗主义。

在库尔德问题上，正发党也曾支持军事对抗的传统做法，但从2009年起，正发党执政精英开始与库工党秘密谈判，开启了库尔德问题协商解决的进程。正发党上台后一直对东南省份进行公共投资，他认为库尔德问题不仅仅是一个经济和安全问题，冲突可以通过民主进程得到解决。同时，正发党对东南部地区成功地进行了动员。无论是对库尔德问题的解决立场，还是有效率的草根活动主义，都使正发党区别于其主要对手。2007年正发党在东南部得到了53.14%的选票，第一次超过了当地的政党。而库尔德民族主义独立候选人获得的选票仅占24.4%，远少于正发党。❷对于正发党库尔德问题的解决方案，共和人民党和民族行动党都表示反对，他们认为一个自治的库尔德地区意味着民族国家的分裂。在新宪法问题上，执政精英与反对派精英同样存在矛盾。因为新宪法涉及两个关键问题，即库尔德问题的解决方案与是否实施总统制。

土耳其科奇大学国际关系学院教授凯伊曼（E. Fuat Keyman）认为，保守的正发党坚持将民主定义为议会制多数主义，导致人们认为正发党把民

---

❶ Ziya Öniş. Conservative Globalism at the Crossroads: The Justice and Development Party and the Thorny Path to Democratic Consolidation in Turkey [J]. Mediterranean Politics, 2009, 14（1）: 21–40.

❷ Ziya Öniş. Conservative Globalism at the Crossroads: The Justice and Development Party and the Thorny Path to Democratic Consolidation in Turkey [J]. Mediterranean Politics, 2009, 14（1）: 21–40.

第四章 政治文化的演变

主当成工具。而反对党拒绝转变，他们反进步、反民主的形象和衰弱的选举能力导致政治和社会中保守主义的上升。反对党，特别是共和人民党，似乎已经失去了成功选举的能力。在此背景下，他变得更加民族主义和封闭，将政治等同于保护世俗体制，由此使用以安全为基础的政治语言，而不是去解决身份、贫穷、失业、人力发展问题。由于共和人民党以保护世俗体制为名将政治安全化，世俗的中产阶级也开始使用保护主义的、排他的、以安全为基础的语言和态度来对待转变和文化差异。因此，土耳其存在两种保守主义，一种是以正发党执政精英为代表的逊尼伊斯兰保守主义；另一种是世俗保守主义，包括没有能力通过选举成为政府多数来执政的共和人民党、失去了对现代化历史主导地位的世俗中产阶级、因全球化和欧洲化进程受到挑战的军队和司法机构。❶

除了执政精英与反对党精英间的关系，执政党内部精英间的关系也对土耳其政治有很大影响。众所周知，正发党的创始人大多具有民族观背景。巴朗认为，与其说正发党是一个党派，不如说它是一个运动组织。埃尔多安和居尔分别代表了民族观运动的不同流派。埃尔多安有纳克什班迪教团的支持，居尔则代表繁荣党温和的一派，寻求与土耳其世俗派共存。❷

正发党建立之初，党内精英之间，特别是埃尔多安和居尔之间形成了相互信任的关系。埃尔多安—居尔组合同时被国际和国内力量看好。正发党2002年年底上台时，埃尔多安还被禁止从政，由居尔出任总理。几个月后，正发党占据多数的议会便通过法律修订，使埃尔多安重返政坛并当选为议员。于是，埃尔多安接任总理一职，居尔改任外长。二人身份的转换非常顺畅。不过2007年居尔当选为总统后，居尔脱离了日常政治，埃尔多安成为政府和政党的唯一领袖。

---

❶ E Fuat Keyman. Modernization, Globalization and Democratization in Turkey: The AKP Experience and Its Limits [J]. Constellations, 2010, 17（2）: 312-327.

❷ Zeyno Baran. Torn Country: Turkey Between Secularism and Islamism[M]. Stanford: Hoover Institution Press, 2010: 45.

埃尔多安担任总理之职的12年里，正发党的支持率从2002年的34%上升到2011年的50%，他无可争议地成为中东最有影响、最有魅力的政治人物。埃尔多安希望实行总统制，以扩大自己的权力。2010年4月，埃尔多安公开表示了对总统制的兴趣，在同年9月全民公投中正发党的提案得到58%的支持后，埃尔多安便宣布将在2011年大选后出台全新的宪法。在削弱了军队和司法机构中世俗派的力量之后，埃尔多安将大权集于一身，导致伊斯兰保守运动内部出现分裂。正发党内部追随居尔的中间派反对埃尔多安的野心，"居兰运动"也反对埃尔多安，支持居尔。2011年选举中，埃尔多安在政党名单中清除了居尔和"居兰运动"的支持者。2011年年底，居尔总统第一次否决埃尔多安政府通过的法律，当时正值埃尔多安第一次手术期间，土耳其媒体普遍认为居尔此举是二者公开分裂的标志。

对于埃尔多安来说，居尔是他实现总统制的一个障碍。居尔为人温和，主张也温和，因而得到了西方和"居兰运动"的支持。此外，居尔担任过总理、外长、总统，在国内有很高的威望。为了使有可能对自己形成威胁的居尔远离政治，埃尔多安也是煞费苦心。2007年修宪时只是规定：今后将由人民直接选举总统，总统任期由7年改为5年，可以连任两届。但这一规定并未明确是否适用于现任总统居尔，因此直到2012年都没人知道居尔的任期何时结束，也没人知道他是否可以连任。

埃尔多安先是在2011年选举中清除了居尔的支持者，于2012年又让议会通过了一项法律，规定居尔适用于旧规定，暗示他不能连任。不过同年6月，宪法法院做出决定，规定居尔的总统任期为7年，但他可以再连任5年。也就是说，居尔在2014年总统任期届满后，可以再次参加总统竞选。对居尔政治前途有利的这一决定，无疑与支持"居兰运动"的法官们的努力有关，同时这一决定也使埃尔多安和居尔的关系更加紧张。在此之后，土耳其媒体和观察家都开始从利益冲突的角度解读埃尔多安与居尔之间的互动关系。

埃尔多安和居尔在不少问题上立场相左。埃尔多安多次建议土耳其加入上海合作组织，称上海合作组织不仅比欧盟更强大，而且与土耳其有共同价值观。居尔则坚持认为土耳其应该继续努力入盟。2013年，居尔总统开始公开地表达自己的观点，寻找潜在的政治盟友。而在正发党内部正好存在忠诚于居尔的政治力量，如以副总理阿里·巴巴詹（Ali Babacan）为首的正发党成员，他们主张接近欧洲，主张民主化。另外，"居兰运动"也支持居尔。2014年7月，埃尔多安当选为正发党总统候选人，随后居尔表示总统任期届满后"将回到自己的政党"。不过，由于埃尔多安很巧妙地打了一个时间差，就在居尔卸任总统之职前一天宣布了正发党的新主席。卸任总统之职后，居尔似乎淡出了政治，而新任总统埃尔多安则在努力不重蹈厄扎尔和德米雷尔的覆辙❶，尽可能多地参与土耳其的日常政治生活。

三、精英关系与土耳其政治发展

约翰·希格利（John Higley）等将精英间关系分为三类：不团结的、意识形态上不团结的和团结一致的，并断言只有达成一致的团结的民族精英才能打造稳定的政权，从而有可能演变为现代民主。❷ 戴蒙德也提出，民主巩固过程中会出现以温和、妥协、有限的党派之争及对体系的忠诚和信任为特点的精英政治文化。这些规范增加了对政治冲突的可预见性，减少了政治冲突的紧张度。❸

政治精英之间的和睦、合作、讨价还价和妥协对于民主的发展和持续来说是必需的，或者至少是有用的，因为它们可以平衡分裂、冲突与

---

❶ 土耳其宪法规定总统必须是无党派的，因此20世纪90年代厄扎尔和德米雷尔就任总统之前都辞去了所在党的党主席之职，因而远离了日常政治，逐渐失去了对政党及政府的控制。

❷ John Higley, Michael G Burton. The Elite Variable in Democratic Transitions and Breakdowns [J]. American Sociological Review, 1989（54）: 17.

❸ Larry Diamond eds. Political Culture and Democracy in Developing Countries [M]. Boulder & London: Lynne Rienner Publishers, 1993: 5.

制度设计与政治文化
基于土耳其 2002—2014 年的案例

"达成一致"之间的关系。❶ 对土耳其来说，精英间达成共识是其实现民主政治的重要条件。从 20 世纪 50 年代向多党制民主转变，到 20 世纪 80 年代进入民主巩固时期，再到 2000 年代正发党上台，土耳其的精英间关系经历了很大变化，政治精英基本上控制了国家精英。但是政治精英之间，特别是执政精英与反对党精英间仍处于对抗、冲突、不和解的状态。古纳尔认为，尽管宪法规定"政党的活动，党内安排和工作都遵守民主的原则"，但由于土耳其政党缺乏党内民主，不允许不同思想的竞争，导致土耳其的政治扇面非常分散，党内结构是以个人矛盾为基础的，而不是一种致力于解决问题的健康的民主结构。❷

厄尼什认为，土耳其民主的一个困境是它的不平衡性或单一性，缺少欧式的中左翼政党或社会民主政党。正发党的胜利建立在进步的现代观念基础上，它能利用全球化带来的经济利益建立一个广泛的选举联盟，包括新兴中产阶级和社会中的穷人。而共和人民党、民族行动党等反对党对全球化持有防备心和消极态度，将政策建立在社会中特定群体的"害怕和担心"的基础上，未能建立选举胜利所需的广泛的联盟。在全球化环境下，以阶级为基础的政治是发挥不了作用的。共和人民党代表城市和世俗中产阶级，民族行动党代表农村穷人，它们代表社会中特定群体的利益和主张，选举能力有限。❸

一个亲全球化的态度是需要的，但要取得政治胜利，仅有全球化态度是不够的。正发党将进步和现代的观念与关注广大群众的关切相结合，也许正是这种全球化与本地化的结合解释了它的吸引力。这一点是它的

---

❶ Larry Diamond eds. Political Culture and Democracy in Developing Countries [M]. Boulder & London: Lynne Rienner Publishers, 1993: 10.

❷ Erdoğan Günal. Türkiye'de Seçim Sistemlerinin Siyasal Kurumlar Üzerindeki Etkileri [M]. Ankara: Turhan Kitabevi Yayınları, 2005:166–167.

❸ Ziya Öniş. Conservative Globalism at the Crossroads: The Justice and Development Party and the Thorny Path to Democratic Consolidation in Turkey [J]. Mediterranean Politics, 2009, 14（1）: 21–40.

竞争对手们欠缺的。❶ 正发党借助反对党的弱势建立了一个广泛联盟，这个联盟对于它在选举中战胜反对党非常重要，但联盟内部包括太多彼此冲突的利益，在选举后时期给政党领导层制造了一系列新的问题。❷ 正发党认为只要赢得选举占据议会多数就是实现了民主，这一假设是狭隘的。

过去十几年，在入盟努力的带动下，土耳其对法律框架进行了重大修改，民主化进程加速发展，土耳其政治文化中的国家精英—政治精英关系也发生了根本性改变。但是，政治精英间的关系并没有发生实质性变化，在深化入盟改革、库尔德问题、总统制、新宪法问题上，执政精英与反对派精英之间互不妥协。正发党应该认识到，议会多数不足以保证他称心如意。同样，其他政党，特别是共和人民党和世俗主义的中产阶级也应该认识到，保持世俗的宪法秩序需要更加务实的战略，需要协商和折衷。

---

❶ Ziya Öniş. Conservative Globalism at the Crossroads: The Justice and Development Party and the Thorny Path to Democratic Consolidation in Turkey [J]. Mediterranean Politics，2009，14（1）：21-40.

❷ Ziya Öniş. Conservative Globalism at the Crossroads: The Justice and Development Party and the Thorny Path to Democratic Consolidation in Turkey [J]. Mediterranean Politics，2009，14（1）：21-40.

附 录

附录1　土耳其共和国历任总统表

排序	姓名	任期	任总统前所属党派	任总统前职务
第1任	穆斯塔法·凯末尔·阿塔图尔克（Mustafa Kemal Atatürk）	1923年10月—1938年11月	共和人民党	议长
第2任	伊斯麦特·伊诺努（İsmet İnönü）	1938年11月—1950年5月	共和人民党	总理
第3任	杰拉尔·巴亚尔（Celal Bayar）	1950年5月—1960年5月	民主党	民主党主席
第4任	杰马尔·古尔塞尔（Cemal Gürsel）	1960年5月—1966年3月	无	土耳其陆军司令
第5任	杰夫代特·苏纳伊（Cevdet Sunay）	1966年3月—1973年3月	无	土耳其武装部队总参谋长
第6任	法赫里·考鲁图尔克（Fahri Korutürk）	1973年3月—1980年4月	无	土耳其前海军司令
第7任	凯南·埃夫伦（Kenan Evren）	1982年11月—1989年11月	无	土耳其武装部队总参谋长
第8任	吐尔古特·厄扎尔（Turgut Özal）	1989年11月—1993年4月	祖国党	总理

续表

排序	姓名	任期	任总统前所属党派	任总统前职务
第9任	苏莱曼·德米雷尔（Süleyman Demirel）	1993年5月—2000年5月	正确道路党	总理
第10任	阿赫麦特·纳支代特·塞泽尔（Ahmet Necdet Sezer）	2000年5月—2007年8月	无	土耳其宪法法院院长
第11任	阿卜杜拉·居尔（Abdullah Gül）	2007年8月—2014年8月	正发党	外长
第12任	雷杰普·塔伊普·埃尔多安（Recep Tayyip Erdoğan）	2014年8月至今	正发党	总理

资料来源：根据土耳其总统府网站信息整理而成。

附录 2　土耳其选举制度对政府数量、政府类型和政府平均任期的影响（1950—2004 年）[1]

选举时期	选举制度	政府任期	政府类型	政府平均任期
1950—1954 年	有名单多数制	2 届	一党政府	24 个月
1954—1957 年	有名单多数制	2 届	一党政府	18 个月
1957—1960 年	有名单多数制	1 届	一党政府	36 个月
小计	—	5 届	—	24 个月
1961—1965 年	周边门槛东特法	4 届	联合政府	12 个月
1965—1969 年	全国剩余制	1 届	一党政府	48 个月
1969—1973 年	无门槛东特法	6 届	2 届一党政府；4 届联合政府	8 个月
1973—1977 年	无门槛东特法	3 届	联合政府	18 个月
1977—1980 年	无门槛东特法	4 届	联合政府	9 个月
小计	—	18 届	—	13 个月
1983—1987 年	双门槛东特法	1 届	一党政府	36 个月
1987—1991 年	双门槛东特法＋配额（混合制）	3 届	一党政府	16 个月
1991—1995 年	双门槛东特法＋配额（混合制）	4 届	联合政府	12 个月
1995—1999 年	10% 全国门槛东特法	4 届	联合政府	12 个月
1999—2002 年	10% 全国门槛东特法	1 届	联合政府	36 个月
2002—2004 年	10% 全国门槛东特法	1 届	一党政府	24 个月
小计	—	14 届	—	22 个月
总计	—	37 届	—	18 个月

[1] Erdoğan Günal. Türkiye'de Seçim Sistemlerinin Siyasal Kurumlar Üzerindeki Etkileri [M]. Ankara: Turhan Kitabevi Yayınları, 2005:201.

附录3 土耳其共和国历任总理表

政府序号	总理姓名	大选时间	任期	政党背景
第1届	伊斯麦特·伊诺努（İsmet İnönü）	1923年	1923年11月—1924年3月	共和人民党
第2届		—	1924年3月—1924年11月	
第3届	阿里·菲提·奥克亚尔（Ali Fethi Okyar）	—	1924年11月—1925年3月	共和人民党
第4届	伊斯麦特·伊诺努（İsmet İnönü）	—	1925年3月—1927年11月	共和人民党
第5届		—	1927年11月—1930年9月	
第6届		1927年	1930年9月—1931年5月	
第7届		1931年	1931年5月—1935年3月	
第8届		1935年	1935年3月—1937年11月	
第9届	杰拉尔·巴亚尔（Celal Bayar）	—	1937年11月—1938年11月	共和人民党
第10届		—	1938年11月—1939年1月	
第11届	勒菲克·萨伊达姆（Refik Saydam）	—	1939年1月—1939年4月	共和人民党
第12届		1939年	1939年4月—1942年7月	

续表

政府序号	总理姓名	大选时间	任期	政党背景
第13届	许可吕·萨拉奇奥卢（Şükrü Saracoǧlu）	—	1942年7月—1943年3月	共和人民党
第14届		1943年	1943年3月—1946年8月	
第15届	莱杰普·派克尔（Recep Peker）	1946年	1946年8月—1947年9月	共和人民党
第16届	哈桑·萨卡（Hasan Saka）	—	1947年9月—1948年6月	共和人民党
第17届		—	1948年6月—1949年1月	
第18届	谢姆塞丁·古纳塔伊（Şemsettin Günaltay）	—	1949年1月—1950年5月	共和人民党
第19届	阿德南·门德列斯（Adnan Menderes）	1950年	1950年5月—1951年3月	民主党
第20届		—	1951年3月—1954年5月	
第21届		1954年	1954年5月—1955年12月	
第22届		—	1955年12月—1957年11月	
第23届		1957年	1957年11月—1960年5月	
第24届	杰马尔·古尔塞尔（Cemal Gürsel）	—	1960年5月—1961年1月	军人
第25届		—	1961年1月—1961年10月	

续表

政府序号	总理姓名	大选时间	任期	政党背景
第26届	伊斯麦特·伊诺努（İsmet İnönü）	1961	1961年11月—1962年6月	共和人民党
第27届		—	1962年6月—1963年12月	
第28届		—	1963年12月—1965年2月	
第29届	苏阿特·哈伊利·于尔古普吕（Suat Hayri Ürgüplü）	—	1965年2月—1965年10月	中立
第30届	苏莱曼·德米雷尔（Süleyman Demirel）	1965年	1965年10月—1969年11月	正义党
第31届		1969年	1969年11月—1970年3月	
第32届		—	1970年3月—1971年3月	
第33届	尼哈特·埃里姆（Nihat Erim）	—	1971年3月—1971年12月	中立
第34届		—	1971年12月—1972年4月	
第35届	菲利特·麦兰（Ferit Melen）	—	1972年4月—1973年4月	共和信任党
第36届	纳伊姆·塔鲁（Naim Talu）	—	1973年4月—1974年1月	中立
第37届	布兰特·埃杰维特（Bülent Ecevit）	1973年	1974年1月—1974年11月	共和人民党
第38届	萨迪·厄马克（Sadi Irmak）	—	1974年11月—1975年3月	中立

续表

政府序号	总理姓名	大选时间	任期	政党背景
第39届	苏莱曼·德米雷尔（Süleyman Demirel）	—	1975年3月—1977年6月	正义党
第40届	布兰特·埃杰维特	1977年	1977年6月—1977年7月	共和人民党
第41届	苏莱曼·德米雷尔	—	1977年7月—1978年1月	正义党
第42届	布兰特·埃杰维特	—	1978年1月—1979年11月	共和人民党
第43届	苏莱曼·德米雷尔	—	1979年11月—1980年9月	正义党
第44届	布伦德·乌鲁苏（Bülend Ulusu）	—	1980年9月—1983年12月	军人
第45届	吐尔古特·厄扎尔	1983年	1983年12月—1987年12月	祖国党
第46届		1987年	1987年12月—1989年10月	祖国党
第47届	耶尔德勒姆·阿克布鲁特（Yıldırım Akbulut）	—	1989年11月—1991年6月	祖国党
第48届	梅苏特·耶尔马兹（Mesut Yılmaz）	—	1991年6月—1991年11月	祖国党
第49届	苏莱曼·德米雷尔	1991	1991年11月—1993年5月	正确道路党
第50届	坦苏·齐莱尔（Tansu Çiller）	—	1993年6月—1995年10日	正确道路党
第51届		—	1995年10月5日—1995年10月30日	正确道路党
第52届		—	1995年10月—1996年3月	

续表

政府序号	总理姓名	大选时间	任期	政党背景
第53届	梅苏特·耶尔马兹	—	1996年3月—1996年6月	祖国党
第54届	纳奇麦丁·埃尔巴坎（Necmettin Erbakan）	1995	1996年6月—1997年6月	繁荣党
第55届	梅苏特·耶尔马兹（Mesut Yılma）	—	1997年6月—1999年1月	祖国党
第56届	布兰特·埃杰维特（Bülent Ecevit）	—	1999年1月—1999年5月	民主左翼党
第57届		1999年	1999年5月—2002年11月	
第58届	阿卜杜拉·居尔（Abdullah Gül）	2002年	2002年11月—2003年3月	正发党
第59届	雷杰普·塔伊普·埃尔多安（Recep Tayyip Erdoğan）	—	2003年3月—2007年8月	正发党
第60届		2007年	2007年8月—2011年7月	
第61届		2011年	2011年6月—2014年8月	
第62届	阿赫麦特·达伍特奥卢(Ahmet Davutoğlu)	—	2014年8月—2015年8月	正发党
第63届		2015年6月	2015年8月—2015年11月	
第64届		2015年11月	2015年11月—2016年5月	
第65届	比纳利·耶尔德勒姆(Binali Yıldırım)	—	2016年5月—2018年7月	正发党

资料来源：土耳其总理府网站及 http://tr.wikipedia.org/wiki/Türkiye_başbakanları_listesi。

附录4 土耳其历届议会表

议会选举时间	届别	任期	议员总数（人）
无选举时间①	第1届	1920年4月23日—1923年8月11日	436
1923年大选	第2届	1923年8月11日—1927年5月1日	333
1927年大选	第3届	1927年5月1日—1931年5月4日	335
1931年大选	第4届	1931年5月4日—1935年3月1日	348
1935年大选	第5届	1935年3月1日—1939年4月3日	444
1939年大选	第6届	1939年4月3日—1943年3月8日	470
1943年大选	第7届	1943年3月8日—1946年8月5日	492
1946年大选	第8届	1946年8月5日—1950年5月22日	503
1950年大选	第9届	1950年5月22日—1954年5月14日	492
1954年大选	第10届	1954年5月14日—1957年11月1日	537
1957年大选	第11届	1957年11月1日—1960年5月27日	602
5月27日政变	国家统一委员会	1960年5月27日—1961年10月25日	38
创建议会 国家统一委员会—代表会议		1961年1月6日—1961年10月25日	
1961年大选	第12届	1961年10月25日—1965年10月10日	450
1965年大选	第13届	1965年10月22日—1969年10月12日	450
1969年大选	第14届	1969年10月22日—1973年10月14日	450
1973年大选	第15届	1973年10月24日—1977年6月5日	450
1977年大选	第16届	1977年6月13日—1980年9月12日	450
9月12日政变	国家安全委员会	1980年9月12日—1983年12月6日	5

① 未进行选举。

续表

议会选举时间	届别	任期	议员总数（人）
创建议会	国家安全委员会—协商会议	1981年10月23日—1983年12月6日	
1983年大选	第17届	1983年11月24日—1987年11月29日	400
1987年大选	第18届	1987年12月14日—1991年10月20日	450
1991年大选	第19届	1991年11月6日—1995年12月24日	450
1995年大选	第20届	1996年1月8日—1999年4月18日	550
1999年大选	第21届	1999年5月2日—2002年11月3日	550
2002年大选	第22届	2002年11月14日—2007年7月22日	550
2007年大选	第23届	2007年8月4日—2011年6月12日	550
2011年大选	第24届	2011年6月28日-2015年6月7日	550
2015年6月大选	第25届	2015年6月23日-2015年11月17日	550
2015年11月大选	第26届	2015年11月17日-2018年6月24日	550
2018年大选	第27届	2018年7月7日-至今（2020年3月）	600

附录5 土耳其大国民议会议席分配表

政党名称	议席数（个）				
	2011年大选后的议席分配	2015年6月大选后的议席分配	2015年11月大选后的议席分配	2018年大选后的议席分配	截止2020年3月实际议席分配
正义与发展党（AKP）	327	258	317	295	290
共和人民党（CHP）	135	132	134	146	139
民族行动党（MHP）	53	80	59	49	49
人民民主党（HDP）	0	80	40	67	61
美好党（İyi Parti）	0	0	0	43	37
其他政党	0	0	0	0	6
独立议员	35	0	0	0	7
议席空缺	0	0	0	0	0
总计	550	550	550	600	589

附录6 土耳其共和国主要政党名称及其缩略词对照表

政党中文名称	政党土耳其语缩略词
共和人民党	CHP
民主党	DP
正义党	AP
民族秩序党	MNP
民族救国党	MSP
民族行动党	MHP
祖国党	ANAP
正确道路党	DYP
社会民主人民党	SHP
民主左翼党	DSP
繁荣党	RP
美德党	FP
正义与发展党	AKP
人民民主党	HDP

参考文献

一、中文图书

[1] 陈尧. 新兴民主国家的民主巩固 [M]. 上海：上海人民出版社，2010.

[2] 达龙·阿塞莫格鲁，詹姆士·A. 罗宾逊. 政治发展的经济分析——专制和民主的经济起源 [M]. 马春文，等，译. 上海：上海财经大学出版社，2008.

[3] 额尔古纳·奥兹巴丹. 土耳其政党的制度衰落 [M]// 拉里·戴蒙德，理查德·冈瑟. 政党与民主. 徐琳，译. 上海：上海人民出版社，2012.

[4] 菲利普·C. 施米特. 政党今非昔比 [M]// 拉里·戴蒙德，理查德·冈瑟. 政党与民主. 徐琳，译. 上海：上海人民出版社，2012.

[5] G. 萨托利. 政党与政党体制 [M]. 王明进，译. 北京：商务印书馆，2006.

[6] 乔瓦尼·萨托利. 选举制度对政党的影响 [M]// 拉里·戴蒙德、理查德·冈瑟. 政党与民主 [M]. 徐琳，译. 上海：上海人民出版社，2012.

[7] 塞缪尔·P. 亨廷顿. 变化社会中的政治秩序 [M]. 王冠华，刘为，等，译. 上海：上海世纪出版集团，2008.

二、中文期刊

[1] 毕健康. 土耳其国家与宗教——凯末尔世俗主义改革之反思 [J]. 西亚非洲，2009（2）.

[2] 毕健康，郑佳. 近三十年来国内土耳其研究概览 [J]. 西亚非洲，2009（11）.

[3] 陈德成. 土耳其的多党制半总统制政体 [J]. 西亚非洲, 2000（2）.

[4] 陈胜才. 选举制度的效应与各种选举制度之利弊——萨托利的分析与思考 [J]. 社会科学家, 2012（7）.

[5] 柴宏帅, 南东风. 美国文武关系的研究核心及其争论焦点 [J]. 军事历史研究, 2010（1）.

[6] 楚哈尔·耶西尔尤尔特·居恩迪茨. 欧盟对土耳其民主化的影响 [J]. 世界经济与政治, 2005（3）.

[7] 范若兰. 试论土耳其军队干预政治的原因 [J]. 西亚非洲, 1991（3）.

[8] 郭定平. 论民主转型与政治文化研究的复兴 [J]. 湖北社会科学, 2012（7）.

[9] 李鹏涛. 土耳其伊斯兰主义政党对欧洲态度的转变 [J]. 西亚非洲, 2009（4）.

[10] 李其庆. 全球化背景下的新自由主义 [J]. 马克思主义与现实, 2003（5）.

[11] 李月军. 新文武关系理论：范式替代抑或理论补充 [J]. 军事历史研究, 2010（2）.

[12] 李智育. 土耳其正义与发展党政权的外交政策成因分析 [J]. 阿拉伯世界研究, 2012（5）.

[13] 王文友. 法国议会制度发展过程及启示 [J]. 新疆人大, 2001（1）.

[14] 魏本立. 试论土耳其政体的演变及其特点 [J]. 西亚非洲, 1983（6）.

[15] 严海兵, 聂平平. 选举制度与政党制度的关系研究述评 [J]. 上海行政学院学报, 2009, 10（1）.

[16] 姚文虎. 法国半总统制理论探源 [J]. 政法论丛, 2008（5）.

[17] 张世均. 土耳其伊斯兰教职人员对凯末尔革命的贡献 [J]. 世界历史, 2003（4）.

三、外文图书

[1] Ahmet Evin. Demilitarization and Civilianization of the Regime [M]//Metin

Heper, Ahmet Evin. Politics in the Third Turkish Republic. Corolado: Westview Press, 1994.

[2] Ali L Karaosmanoğlu. The Limits of International Influence for Democratization [M]//Metin Heper, Ahmet Evin .Politics in the Third Turkish Republic. Corolado: Westview Press, 1994.

[3] Ali Murat Özdemir. Fragments of Changes in the Legal System in the AKP Years: The Development and Reproduction of a Market Friendly Law [M]// Simten Coşar, Gamze Yücesan-Özdemir . Silent Violence: Neoliberalism, Islamist Politics and the AKP Yeasr in Turkey. Ottawa: Red Quill Books, 2012.

[4] Berna Yılmaz. Islamist Bourgeoisie and Democracy Under the AKP's Rule: Democratisation or Marketisation of Politics? [M]//Simten Coşar, Gamze Yücesan-Özdemir. Silent Violence: Neoliberalism, Islamist Politics and the AKP Yeasr in Turkey. Ottawa: Red Quill Books, 2012.

[5] Brian Beeley. People and Cities: Migration and Urbanization [M]//Brian Beeley. Turkish Transformation: New Century-New Challenges. Cambridgeshire: The Eothen Press, 2002.

[6] Burhanettin Duran. JDP and Foreign Policy as an Agent of Transformation [M]// M Hakan Yavuz . The Emergence of A New Tukey: Deomcracy and the AK Parti. Salt Lake City: the University of Utah Press, 2006.

[7] Dani Rodrik. External Debt and Economic Performance in Turkey [M]// Tevfik F Nas, Mehmet Odekon . Liberalization and the Turkish Economy. Connecticut: Greenwood Press, 1988.

[8] Dankwart A Rustow. Political Parties in Turkey: An Overview [M]//. Metin Heper, Jacob M Landau . Political Parties and Democracy in Turkey. London, New York: I B Tauris & Co Ltd Publishers, 1991.

[9] Engin Şahin. Siyaset Ve Hukuk Arasında Anayasa Mahkemesi [M]. İstanbul: İz Yayıncılık, 2010.

[10] Erdoğan Günal. Türkiye'de Seçim Sistemlerinin Siyasal Kurumlar Üzerindeki Etkileri [M]. Ankara: Turhan Kitabevi Yayınları, 2005.

[11] Ergun Özbudun. Türkiye'de Devlet Seçkinleri Ve Demokratik Siyasal Kültür [M]//Ergun Özbudun, Ersin Kalaycıoğlu, Levent Köker. Türkiye'de Demokratik Siyasal Kültür. Ankara: Türk Demokrasi Vakfı Yayınları, 1995.

[12] Ergun Özbudun. Ömer Faruk Gençkaya. Democratization and the Politics of Constitution—Making in Turkey [M]. Budapest: Central European University Press, 2009.

[13] Ersin Kalaycıoğlu. Elections and Governance [M]//Sabri Sayarı, Yılmaz Esmer. Politics, Parties, and Elections in Turkey. London: Lynne Rienner Publishers, 2002.

[14] Eylem Türk. TÜSİAD, Patronlar Kulübü-Ekonomi Ve Siyasetin Merkezindeki Bir Derneğin Öyküsü [M]. İstanbul: Alfa Basım Yayım Dağıtım, 2009.

[15] Faruk Ataay. Neoliberalizm Ve Muhafazakar Demokrasi: 2000'li Yıllarda Türkiye'de Siyasal Değişimin Dinamikleri [M]. Ankara: De K' Basım Yayım, 2008.

[16] Faruk Birtek, Binnaz Toprak. The Conflictual Agendas of Neo-Liberal Reconstruction and the Rise of Islamic Politics in Turkey: The Hazards of Rewriting Modernity [M]//Faruk Birtek, Binnaz Toprak. Essays in Honor of Şerif Mardin: The Post-modern Abyss and the New Politics of Islam: Assabiyah Revisited. Istanbul: Istanbul Bilgi University Press, 2011.

[17] Fatih Uğur. Ozlenen Demokrat Turgut Ozal [M]. İstanbul: zaman kitap, 2011.

[18] Feroz Ahmad. The Making of Modern Turkey [M]. London, New York: Routledge, 1993.

[19] Gareth Jenkins. Context and Circumstance: The Turkish Military and Politics [M]. New York: Oxford University Press, 2001.

[20] Ilter Turan. Evolution of the Electoral Process [M]//Metin Heper, Ahmet Evin. Politics in the Third Turkish Republic. Corolado: Westview Press, 1994.

[21] Jack A Goldstone eds. States, Parties, and Social Movements [M]. Cambridge: Cambridge University Press, 2003.

[22] Joseph S Szyliowicz. Education and Political Development [M]//Metin Heper, Ahmet Evin. Politics in the Third Turkish Republic. Corolado: Westview Press, 1994.

[23] Kemal Kirişci. Migration and Turkey: The Dynamics of State, Society and Politics [M]//Resat Kasaba. The Cambridge History of Turkey. Cambridge: Cambridge University Press, 2008.

[24] Larry Diamond eds. Political Culture and Democracy in Developing Countries [M]. Boulder & London: Lynne Rienner Publishers, 1993.

[25] M. Hakan Yavuz. Introduction: The Role of the New Bourgeoisie in the Transformation of the Turkish Islamic Movement [M]//M. Hakan Yavuz. The Emergence of a New Turkey-Democracy and the AK Parti. Salt Lake City: the University of Utah Press, 2006.

[26] M. Hakan Yavuz. Islamic Political Identity in Turkey [M]. New York: Oxford University Press, 2003.

[27] M. Hakan Yavuz. Secularism and Muslim Democracy in Turkey [M]. New York: Cambridge University Press, 2009.

[28] M. Hakan Yavuz. The Gülen Movement [M]//M. Hakan Yavuz, John L Esposito. Turkish Islam and the Secular State: The Gülen Movement. New York: Syracuse University Press, 2003.

[29] Mahfi Eğilmez. İMF, Dünya Bankası Ve Türkiye [M]. İstanbul: Creative Yayıncılık Ve Tanıtma, 1996.

[30] Mehmet Odekon. The Costs of Economic Liberalization in Turkey [M]. New Jerzey: Rosemont Publishing & Printing, 2005.

[31] Mustafa Peköz. İslamcı Cumhuriyete Doğru [M]. İstanbul: Kalkedon Yayıncılık, 2009.

[32] Nilüfer Göle. Toward An Autonomization of Politics and Civil Society in Turkey [M]//Metin Heper, Ahmet Evin. Politics in the Third Turkish Republic. Corolado: Westview Press, 1994.

[33] Nuray Mert. Merkez Sağın Kısa Tarihi [M]. İstanbul: Selis Kitaplar, 2007.

[34] Rüştü Saracoğlu. Liberalizaiton of the Economy [M]//Metin Heper, Ahmet Evin. Politics in the Third Turkish Republic. Corolado: Westview Press, 1994.

[35] Sabri Sayarı. The Changing Party System [M]//Sabri Sayarı, Yılmaz Esmer. Politics, Parties, and Elections in Turkey. Boulder: Lynne Rienner Publishers, 2002.

[36] Sabri Sayari, Yilmaz Esmer. Politics, Parties, and Elections in Turkey [M]. Boulder and London: Lynne Rienner Publishers, 2002.

[37] Selim Ilkin. Privatization of the State Economic Enterprises [M]//Metin Heper, Ahmet Evin. Politics in the Third Turkish Republic. Corolado: Westview Press, 1994.

[38] Sungur Savran, Bulent Tanor, Gunduz Vasaaf. Out of Order: Turkish Universities and Totalitarianism [M]. London: World University Service, 1987.

[39] Tevfik F Nas. Problems and Prospects: A Commentary [M]// Tevfik F Nas, Mehmet Odekon. Liberalization and the Turkish Economy. Connecticut: Greenwood Press, 1988.

[40] Ümit Özdağ. İkinci Tek Parti Dönemi: AKP'nin Yumuşak Hegemon Parti Projesinin Anatomisi [M]. Ankara: Kripto Kitaplar, 2011.

[41] Yavuz Gökmen. Özal Yaşasaydı [M]. Ankara: Verso Yayıncılık, 1994.

[42] Yildiz Atasoy. Islam's Marriage With Neoliberalism–State Transformation in Turkey [M]. London: Palgrave macmillan, 2009.

[43] Yilmaz Esmer. Introduction [M]//Sabri Sayari, Yilmaz Esmer. Politics, Parties, An Elections in Turkey. Boulder and London: Lynne Rienner Publishers, 2002.

[44] Yücel Bozdağlıoğlu. Turkish Foreign Policy and Turkish Identity——A Constructivist Approach [M]. New York, London: Routledge, 2003.

[45] Zeyno Baran. Torn Country: Turkey Between Secularism and Islamism [M]. Stanford: Hoover Institution Press, 2010.

四、外文期刊

[1] Ali Çarkoğlu. Turkey's 2011 General Elections: Towards a Dominant Party System [J]. Insight Turkey, 2011, 13 (3).

[2] Ali L Karaosmanoğlu. Transformation of Turkey's Civil-Military Relations Culture and International Environment [J]. Turkish Studies, 2011, 12 (2).

[3] Andrew Mango. Religion and Culture in Turkey [J]. Middle Eastern Studies, 2006, 42 (6).

[4] Binnaz Toprak. Islam and Democracy in Turkey [J]. Turkish Studies, 2005, 6 (2).

[5] Burak Bilgehan Özpek. Constitution-Making in Turkey After the 2011 Elections [J]. Turkish Studies, 2012, 13 (2).

[6] E Fuat Keyman. Modernization, Globalization and Democratization in Turkey: The AKP Experience and Its Limits [J]. Constellations, 2010, 17 (2).

[7] Ersel Aydınlı. Civil-Military Relations Transformed [J]. Journal of Democracy, 2012, 23 (2).

[8] Eser Şekercioğlu, Gizem Arıkan. Trends in Party System Indicators for the July 2007 Turkish Elections [J]. Turkish Studies, 2008, 9 (2).

[9] Filiz Başkan. The Fethullah Gülen Communty: Contribution or Barrier to the Consolidation of Democracy in Turkey? [J]. Middle Estern Studies, 2005, 41 (6).

[10] İ Halil Asilbay. Parlamenter Sistem Ve Türkiye Açısından Bir Değerlendirme [J]. TBB Dergisi, 2013（104）.

[11] John M Munro. Migration in Turkey [J]. Economic Development and Cultural Change, 1974, 22（4）.

[12] Mehmet Kayıran, Mustafa Yahya Metintaş. 1945 Çiftçiyi Yopraklandırma Kanunu ve Uygulanması [J]. Karadeniz Sosyal Bilimler Dergisi, 2018, 10（19）.

[13] Meliha B Altunışık, Lenore G Martin. Making Sense of Turkish Foreign Policy in the Middle East under AKP [J]. Turksih Studies, 2011, 12（4）.

[14] Metin Heper. Civil-Military Relations in Turkey: Toward a Liberal Model? [J]. Turkish Studies, 2011, 12（2）.

[15] Metin Heper. Consolidating Turkish Democracy [J]. Journal of Democracy, 1992, 3（2）.

[16] Michelangelo Guida. The New Islamists' Understanding of Democracy in Turkey: The Examples of Ali Bulac and Hayredding Karaman [J]. Tukish Studies, 2010, 11（3）.

[17] Tahire Erman. The politics of Squatter（Gecekondu）Studies in Turkey: The Changing Representations of Rural Migrants in the Academic Discourse [J]. Urban Studies, 2001, 38（7）.

[18] Zeki Sarıgil. Civil-Military Relations Beyond Dichotomy: With Special Reference to Turkey [J]. Turkish Studies, 2011, 12（2）.

[19] Ziya Öniş, Caner Bakir. Turkey's Political Economy in the Age of Financial Globalization: The Significance of the EU Anchor [J]. South European Society & Politics, 2007, 12（2）.

[20] Ziya Öniş. Conservative Globalism at the Crossroads: The Justice and Development Party and the Thorny Path to Democratic Consolidation in Turkey [J]. Mediterranean Politics, 2009, 14（1）.

五、网络文献

[1] 12 Haziran 2011 Seçiminde Seçim Sisteminin Parlamento Yapısına Etkileri [EB/OL].（2011-06-01）[2014-06-02]. http://www.tepav.org.tr/upload/files/1308043628-1.12_Haziran_2011_Seciminde_Secim_Sisteminin_Parlamento_Yapisina_Etkileri.pdf.

[2] Ali Rıza Aydın. AKP Anayasayı 8 Kez Değiştirdi [EB/OL].（2010-07-09）[2014-11-12]. http://www.odatv.com/n.php?n=referandumda-aslinda-neyi-oylayacagiz-0709101200.

[3] Anayasa Değişikliği Bir Reform Değil [EB/OL].（2010-05-11）[2014-08-09]. http://www.sabah.com.tr/Gundem/2010/05/11/anayasa_degisikligi_bir_reform_degil.

[4] Atilla Yayla. HSYK Seçimleri Gelirken [EB/OL].（2014-10-09）[2014-10-10]. http://www.yenisafak.com.tr/yazarlar/atillayayla/hsyk-secimleri-gelirken/56307.

[5] Başbakan TUSKON'da Konuştu [EB/OL].（2012-03-31）[2014-10-30]. http://www.sabah.com.tr/Ekonomi/2012/03/31/basbakan-erdogan-konusuyor.

[6] Başbakan Erdoğan'dan Açıklama: Bunun Adı Vatana İhanettir [EB/OL].（2013-12-07）[2013-12-08]. http://www.hurriyet.com.tr/gundem/25300802.asp.

[7] Başbakan Erdoğan'dan Dershane Açıklaması! [EB/OL].（2013-11-24）[2014-03-25]. http://www.samanyoluhaber.com/gundem/Basbakan-Erdogandan-dershane-aciklamasi/1034139/.

[8] Başbakan Erdoğan'ın 1. Olağanüstü Büyük Kurultayı'nda Yaptığı Konuşmanın Tam Metni [EB/OL].（2014-08-27）[2014-08-27]. http://www.akparti.org.tr/site/haberler/basbakan-erdoganin-ak-parti-1.-olaganustu-buyuk-kurultayinda-yaptigi-konusm/66343#1.

[9] Binnaz Toprak. Türkiye'deki Sosyolojik Tabloyla CHP'nin %40'lar Alması Çok Zor [EB/OL]. （2014-04-22）[2014-04-29]http://www.baskahaber. org/2014/04/binnaz-toprak-turkiyedeki-sosyolojik.html.

[10] Bülent Arınç'tan Önemli Açıklamalar [EB/OL]. （2014-01-30）[2014-10-30]. http://www.hurriyet.com.tr/gundem/25698127.asp.

[11] Erdoğan: Ofisteki Böceklerin Adresine Ulaşıldı [EB/OL]. （2014-11-02）[2014-11-03]. http://www.ahaber.com.tr/Gundem/2014/11/02/erdogan-ofisteki-boceklerin-adresine-ulasildi.

[12] Fadime Özkan. Erdoğan: 30 Mart'ın Ardından Paralel Yapı'ya Karşı Harekete Geçiyoruz [EB/OL]. （2014-03-05）[2014-03-05]. http://haber.stargazete. com/politika/erdogan-30-martin-ardindan-paralel-yapiya-karsi-harekete-geciyoruz/haber-851760.

[13] Gülen'den 'Yolsuzluk' Açıklaması [EB/OL]. （2013-12-21）[2013-12-29]. http://hurarsiv.hurriyet.com.tr/goster/haber.aspx?id=25412894&tarih=2013-12-21.

[14] Gülen İçin Yakalama Kararı Çıkarıldı [EB/OL]. （2014-12-19）[2014-12-19]. http://www.cnnturk.com/haber/turkiye/gulen-icin-yakalama-karari-cikarildi.

[15] İsmet Koç, Mehmet Ali Eryurt, Tuğba Adalı, Pelin Seçkiner. Türkiye'nin Demografik Dönüşümü[EB/OL] [2014-11-10]. http://www.hips.hacettepe. edu.tr/TurkiyeninDemografikDonusumu_220410.pdf.

[16] Nedim Şener'den Çarpıcı "14 Aralık" Yorumları [EB/OL]. （2014-12-21）[2014-12-21]. http://www.cnnturk.com/video/turkiye/nedim-senerden-carpici-14-aralik-yorumlari.

[17] Soli Özel. Bu Açmazı Yeni Anayasa Aşar [EB/OL]. （2012-01-22）[2014-01-02]. http://www.haberturk.com/yazarlar/soli-ozel/708408-bu-acmazi-yeni-anayasa-asar.

[18] Soner Cagaptay. What's Really Behind Turkey's Coup Arrests? [EB/

OL]. （2010-02-25）[2013-11-18]. http://www.foreignpolicy.com/articles/2010/02/25/whats_really_behind_turkeys_coup_arrests?page=0,1.

[19] Türk Ordusu 120 Bin Küçüldü [EB/OL]. （2014-02-04）[2014-02-04]. http://www.milliyet.com.tr/turk-ordusu-120-bin-kuculdu/gundem/detay/1831571/default.html.

[20] TUSKON'dan Flaş Operasyon Açıklaması [EB/OL]. （2013-12-23）[2014-10-28]. http://www.hurriyet.com.tr/ekonomi/25427247.asp.

后　记

本书是在博士论文的基础上修改、整理而成的。

回想当年论文写作过程，酸甜苦辣，五味杂陈。在不惑之年启动读博模式，凭外语教师的出身，斗胆选择了国际政治方向。导师李永辉先生有言在先，缺失了七年专业背景来做国政研究，需要补的东西太多，要做好吃苦和付出的准备。先生的话可谓一语中的，自从开始"跨界混搭"，便时常陷入不可名状的焦虑和不适中。一边教书一边学习，一路跌跌撞撞、诚惶诚恐地走过了六年。

在此，要感恩和感谢的人太多。感恩我的导师李永辉先生，他义无反顾收我为徒，在学业上言传身教，答疑解惑，关键时刻为我指点迷津，最终助我顺利完成学业。感恩在哈佛大学进修期间的指导老师莱诺·马丁（Lenore Martin）教授，不仅在学术上提出了很多有益的建议和意见，在生活上对我也关心备至，使我在美访学过程中收获颇丰。感谢我的同门兄弟姐妹，有了他们的共情、共勉，我的求学之路才不孤单。

感谢我的同事刘钊老师，在我出国进修的两年里，他自己在攻读博士学位的同时，又承担了很多额外的教学任务。感谢我的同事杰姆·阿依贡（Cem Aygün），与他的思想碰撞与交流带给我很大启发。感谢我的好友——上海交通大学的蒋群老师，在我论文写作的最初阶段一直陪伴左右，直至我在一遍遍的絮絮叨叨中最终理清思路。感谢知识产权出版社的编辑高源老师，在书稿的审核、校对过程中，她认真负责，不厌其烦与我沟通，付出了大量的时间和心血。

当然，我还要感谢身边的亲朋好友，感谢他们给予的理解和支持。这六年里，我的爱人不仅在精神上给予我坚定的支持，他和我的好友小严还作为文稿的第一批读者，提出了不少宝贵意见。令人欣慰和自豪的是，在这六年里，儿子从初中生成长为大学生，自立自强，使我得以专心自己的研究和教学。我想，这大概是一个孩子能够给予博士生妈妈最有意义的支持了。

很高兴当年的"一时兴起"改变了自己的研究方向，一路走来，无怨无悔。

李智育

2019 年 12 月于北京外国语大学